COOKIE DOUGH
AUS LIEBE ZUM KEKSTEIG

**COOKIE DOUGH
AUS LIEBE ZUM KEKSTEIG**

Rezepte und Fotografien von

LINDSAY LANDIS

ars vivendi

WIDMUNG:

Dieses Buch ist all jenen gewidmet, die schon einmal mit dem Finger in der Rührschüssel erwischt wurden.

Titel der Originalausgabe
»The Cookie Dough Lover's Cookbook«
First published in English by Quirk Books, Philadelphia, Pennsylvania.
Copyright © 2012 by Lindsay Landis
Designed by Sugar
Food-Fotografie und -Styling: Lindsay Landis
The author's moral rights have been asserted. All rights reserved.

Deutsche Erstausgabe
1. Auflage 2018
© 2018 by ars vivendi verlag
GmbH & Co. KG, Bauhof 1, 90556 Cadolzburg
Alle Rechte vorbehalten
www.arsvivendi.com
Deutsche Übersetzung: Manuela Schomann
Lektorat: Simone Gerlach
Umschlaggestaltung: Jessica Schwenke, Blackrabbit Design
Satz: ars vivendi
Printed in the EU
ISBN: 978-3-86913-907-4

GEFRORENE LECKEREIEN

FRÜHSTÜCK FÜR GENIESSER

WITZIGE SNACKS & PARTYFOOD

EINLEITUNG

ICH LIEBE COOKIE DOUGH: Roher Keksteig ist wie eine verbotene Frucht, die man nie essen durfte. Aber irgendwie habe ich es im Laufe meiner Kindheit immer wieder geschafft, einen (oder auch mehrere) Fingervoll aus der Rührschüssel zu stibitzen. Meine Mama war die Königin der Chocolate Chip Cookies und ich wich ihr nicht von der Seite, wenn sie Backblech um Backblech in den Ofen schob. Einmal hat sie mich sogar mit dem Kopf in der Rührschüssel erwischt. Wenn das nicht wahre Liebe ist!

Es ist doch so: Ihr stellt das Backblech bereit, weil ihr glaubt, unbändige Lust auf Chocolate Chip Cookies zu haben – aber eigentlich seid ihr nur verrückt nach dem Teig. Seid mal ehrlich: Wenn ihr das erste Blech in den Ofen schiebt, habt ihr euch schon mit Keksteig vollgestopft, oder?

Als mir diese Tatsache schließlich bewusst wurde, beschloss ich, ein Rezept für rohen Cookie Dough zu entwickeln, den man sofort essen kann. Ungebacken und unverfälscht. Das Ergebnis war ein Teig ohne Ei (so besteht keine Gefahr, sich mit Salmonellen zu vergiften), der genauso schmeckte wie der meiner Mutter. Als Nächstes formte ich den Teig zu Kugeln und überzog diese mit Schokolade – und schon war der erste Cookie Dough Trüffel geboren.

Vom Erfolg ermutigt, experimentierte ich weiter. Mein Ziel war nicht nur ein köstliches Teigrezept, sondern ein ganzes »Back«-Buch voll. Einige Monate lang habe ich probiert und studiert und wieder probiert. Ich habe vermutlich mein eigenes Körpergewicht in Teig gegessen! Aber wisst ihr was? Ich habe immer noch nicht genug davon. Ich glaube nicht, dass ich jemals vom Cookie Dough und seinen vielen Vorzügen loskomme: von dem buttrig-dekadenten Geschmack, dem leisen Knirschen der Vollrohrzuckerkristalle, dem exotischen Aroma der Vanille und dem zarten Schmelz der Schokolade. Denn das, meine Lieben, ist wahre Perfektion.

Auf meinem Blog *Love and Olive Oil* (loveandoliveoil.com) teile ich Rezepte und Fotos. Der Blog war ursprünglich ein Sammelbecken für Rezepte, um die Mahlzeiten, die mein Mann und ich zubereiteten, zu verewigen. Sozusagen unser ganz persönliches Kochbuch. Wir kochen ständig – manchmal sogar sechs Mal pro Woche –, es kommen also immer neue Rezepte nach. Ich bin für Texte und Fotos zuständig, doch mein Mann trägt ebenso viel zu unserem Blog bei wie ich: Ohne ihn gäbe es kein Essen. Und die Küche wäre ein Schlachtfeld.

Was als persönliches Projekt begann, übertrifft inzwischen meine kühnsten Erwartungen. Offenbar interessieren unsere kulinarischen Kapriolen nicht nur meine Mutter (auch wenn sie eine meiner treuesten Leserinnen ist), sondern auch andere Leute. Ich bin immer wieder gespannt, welche Rezepte bei unseren Lesern am besten ankommen – doch meistens sind es die Gerichte, die auch ich am liebsten mag. Manche Rezepte haben nur ein kurzes Aufleben: Sie bekommen ein paar nette Kommentare, werden von ein paar anderen Bloggern repostet und verschwinden dann im Archiv. Andere dagegen werden legendär. Wie beispielsweise meine Cookie Dough Trüffel (siehe S. 19). Dieses Rezept gab den Anstoß zu einem ganzen Buch.

Also schnappt euch einen Löffel und werdet Mitglied im Club der Cookie Dough Fans. Besucht auch die Website CookieDoughLovers.com, mit Goodies aus diesem Buch und noch vielem mehr. Keep in touch!

DANKE

DIESES BUCH HÄTTE ICH NICHT ALLEINE SCHREIBEN KÖNNEN.

Ein großes Dankeschön an meine wunderbare Lektorin Margaret McGuire, die meine Idee von Anfang an toll fand. Wahrscheinlich ist sie einfach genauso verrückt nach Cookie Dough wie ich. Danke auch an das Team von Quirk Books, das so ein schönes Buch produziert hat. Danke an Jaden Hair, die mir die richtigen Tipps gegeben hat. Vielen Dank an meine fabelhafte Familie, Freunde und Fans, die mir dabei geholfen haben, die Rezepte gründlich zu testen: Tabitha Tune, Leah Short, Erin Wilburn, Beth Sachan, Jaclyn Fishman, Kelly Randall, Lesley Lassiter, Liz Jenkins, Katie Bond, Holly Chewning, Crystal Jo Bruns, Mackenzie Harris, Stephanie Powell, Adrien Good, Sally Landis und Robin Landis, die beste kleine Schwester, die man sich als Mädchen nur wünschen kann. Danke, dass ihr für Cookie Dough eure Zeit und Geschmacksknospen aufgeopfert habt.

Danke, Mama, fürs Mutmachen, deine Ratschläge und Tipps. Aber vor allem danke ich dir, dass du eigenhändig gut zwei Drittel der Rezepte in diesem Buch testgebacken hast. Und Papa, dir danke ich dafür, dass du die Ergebnisse eigenhändig aufgegessen hast! Und schließlich danke ich auch meinem Ehemann Taylor: Danke für all deine Liebe und Unterstützung und für deine übermenschlichen Abspülkünste. Wenn jemand ein und dieselbe Rührschüssel 132 Mal abspült, ohne sich zu beschweren, weiß man: Das muss wahre Liebe sein.

ICH LIEBE COOKIE DOUGH.

ER IST DIE
VERBOTENE
FRUCHT

DIE
MAN NIE
ESSEN
DURFTE.

GRUNDZUTATEN

BUTTER: Für alle Rezepte in diesem Buch wird ungesalzene Butter verwendet.

KAKAOPULVER: Das in den USA erhältliche Kakaopulver unterscheidet sich ein wenig von den in Europa üblichen Sorten. Ihr könnt aber problemlos das ganz normale Kakaopulver (Backkakao, nicht Kaba!) aus dem Supermarkt nehmen. Durchsieben nicht vergessen!

KUVERTÜRE: Anstatt mich mit dem Temperieren von reiner Schokolade herumzuschlagen (was recht tricky sein kann), nehme ich einfach Schokoladenkuvertüre. Sie umhüllt Konfekt wie z. B. Trüffel fest und knackig. Einfach Kuvertüre schmelzen und Konfekt eintauchen (siehe Tauchtipps S. 20). Zugegeben, geschmacklich kommt sie nicht ganz an reine Schokolade ran, aber ich finde, sie schmeckt trotzdem ziemlich köstlich. Kuvertüren aus weißer, Vollmilch- und Zartbitterschokolade sind in fast allen Supermärkten erhältlich. Farbige Kuvertüren gibt es online sowie im Fachhandel.

MEHL: Ich bevorzuge zum Backen Weizenmehl Type 550. Bei einem Rezept (der Schichttorte mit Cookie Dough und Schokoladenganache, siehe S. 61) habe ich jedoch Weizenmehl Type 405 angegeben. Mit Type 550 würde die Krume nicht so zart werden.

SALZ: Für die Rezepte könnt ihr ganz normales Speisesalz verwenden. Allerdings solltet ihr es sparsam einsetzen.

SCHOKOTRÖPFCHEN (CHOCOLATE CHIPS): In den meisten Rezepten dieses Buchs kommen Schokotröpfchen zum Einsatz. Ich finde, sie passen größenmäßig am besten, besonders bei den kleinen Leckereien. Zartbitter-Schokotröpfchen sind in jedem Supermarkt erhältlich. Schwieriger wird es bei weißen Schokotröpfchen: Fragt in einem Geschäft für Backzutaten nach oder probiert es online. Ansonsten nehmt einfach weiße Schokolade und hackt sie klein – das klappt und schmeckt genauso gut.

ZUCKER: Die in den USA üblichen Zuckersorten unterscheiden sich ein wenig von den in Deutschland gebräuchlichen. In den Zutatenlisten ist mit »Zucker« der feine weiße Haushalts- oder Kristallzucker gemeint. »Brauner Vollrohrzucker« (nicht mit braunem Kristallzucker aus Zuckerrübe verwechseln!) wie z. B. **Muscovadozucker** ist eher dunkel, leicht feucht und feinkrümelig. Er hat eine köstliche Karamellnote. Sein Geschmack und seine Konsistenz sind wichtig für perfekten Cookie Dough!

GERÄTE UND ZUBEHÖR

BACKBLECHE: Gibt es das perfekte Backblech? Eher nicht. Manche eignen sich besser für Chocolate Chip Cookies, andere für perfekte Sugar Cookies. Ich belege selbst Bleche mit Antihaftbeschichtung zur Sicherheit mit Backpapier oder einer Silikonmatte – das erleichtert auch das Reinigen.

BACKPAPIER: Das in jedem Supermarkt erhältliche Backpapier zählt zu den wichtigsten Küchenutensilien. Es ist im Gegensatz zu Butterbrotpapier feuerfest und liefert zum Backen eine perfekte Oberfläche, an der nichts haftet. Backpapier lässt sich abwischen und mehrfach verwenden. Hinterher wirft man es einfach weg.

ELEKTRISCHE RÜHRGERÄTE: Elektrische Mixer machen ehedem lästige Aufgaben wie Sahneschlagen kinderleicht. Am besten nehmt ihr einen Mixer (Standgerät oder Handrührgerät) mit Rührbesen und Flachrührer. Ein Knethaken ist bei Hefeteig ganz praktisch, wie z. B. bei den Rezepten für Donuts und Zimtschnecken (siehe S. 117 und 121).

FEINMASCHIGES SIEB: Siebe sind in vielen Größen erhältlich. Ich liebe meines mit 20 cm Durchmesser, das sich nicht nur zum Sieben von Kakaopulver eignet, sondern auch, um Ricotta selbst herzustellen.

RUNDE AUSSTECHFORMEN: Runde Ausstechformen in mehreren Größen sind bei einigen Rezepten sehr nützlich.

SPRITZBEUTEL: Ein Spritzbeutel mit großer Sterntülle ist das ideale Werkzeug, um Cupcakes zu verzieren. Ich verwende meinen auch, um Teige und Füllungen kontrolliert aufzutragen. Ich liebe meinen wiederverwendbaren Stoffspritzbeutel, doch mit Einmalbeuteln klappt es genauso. Zudem ist dann im Nullkommanichts aufgeräumt. Ihr könnt auch einen Gefrierbeutel umfunktionieren, indem ihr einfach eine kleine Ecke abschneidet (nur nicht zu fest drücken, da sonst der Beutel gerne platzt).

WASSERBAD: Um empfindliche Zutaten wie Schokolade zu schmelzen, braucht ihr ein Wasserbad. Die indirekte Hitze des köchelnden Wassers erhitzt die Schokolade sanft und gleichmäßig. Für das Wasserbad benötigt ihr keine besonderen Gerätschaften: Nehmt einfach einen kleinen Topf und eine etwas größere, hitzebeständige Schüssel (siehe Tipps S. 21).

ZUCKERTHERMOMETER: Ein Zuckerthermometer ähnelt einem normalen Thermometer, ist aber für wesentlich höhere Temperaturen geeignet. Ich bevorzuge digitale Thermometer, da sie genauer sind.

CHOCOLATE CHIP COOKIE DOUGH OHNE EI – GRUNDREZEPT

ERGIBT: 500 g　　**GESAMTZEIT: 10 Minuten**

120 g weiche Butter
50 g Zucker
80 g brauner Vollrohrzucker
　　(z. B. Muscovado)
2 EL Milch oder Sahne
Mark von ¼ Vanilleschote,
　　alternativ 1 Msp. gemahlene
　　Vanille
150 g Weizenmehl
1 Prise Salz
75 g Zartbitter-Schokotröpfchen

Butter und beide Zuckersorten mit dem Mixer bei mittlerer Stufe in einer großen Schüssel 2–3 Minuten locker und schaumig schlagen. Milch und Vanille zugeben und vermengen. Mehl und Salz zufügen und bei niedriger Stufe (oder von Hand) einrühren. Die Schokotröpfchen unterheben.

Der Teig kann sofort verzehrt oder in einem luftdichten Behälter bis zu 3 Tage im Kühlschrank aufbewahrt werden.

Verwendet unbedingt braunen Vollrohrzucker – sein Geschmack und seine Konsistenz sind wichtig für perfekten Cookie Dough! Als Cookie Dough Fans solltet ihr als Erstes dieses Rezept ausprobieren! Esst den Teig gleich auf, erfindet eure eigenen Desserts oder mischt und ergänzt folgende Zutaten in die Rezepte dieses Buchs.

WEITERE COOKIE DOUGH VARIANTEN

Vegan/Ohne Milch: Ersetzt Butter durch pflanzliche Margarine und die Milch oder Sahne durch Produkte wie Soja-, Mandel- oder Reismilch.

Glutenfrei: Nehmt glutenfreies Mehl statt Weizenmehl. Achtet auch bei anderen Zutaten (z. B. Schokotröpfchen) darauf, dass sie glutenfrei sind.

Erdnussbutter: Ersetzt 60 g Butter durch cremige Erdnussbutter und lasst dafür die Schokotröpfchen weg.

Weiße Schokolade und Macadamianuss: Ersetzt die Zartbitter- durch weiße Schokotröpfchen (siehe auch S. 12) und fügt 50 g grob gehackte Macadamianusskerne zu.

Inside-Out: Fügt 30 g gesiebtes Kakaopulver zu und reduziert das Mehl auf 120 g. Weiße Schokotröpfchen statt zartbittere nehmen.

Hafer und Rosinen: Reduziert das Mehl auf 90 g und fügt 70 g kernige Haferflocken zu. Die Schokotröpfchen durch Rosinen ersetzen.

Zucker: Erhöht die Zuckermenge auf 200 g und lasst dafür Vollrohrzucker und Schokotröpfchen weg. Erhöht die Vanillemenge auf ½ Vanilleschote oder ¼ TL gemahlene Vanille und reduziert die Sahne auf 1 EL.

Mandel: Fügt ½ TL Mandelaroma und 30 g gehackte Mandeln zu.

Gingerbread (Lebkuchen): Ersetzt 60 g Butter durch Zuckerrohrmelasse und lasst dafür Zucker und Sahne weg. Mischt je ½ TL gemahlenen Piment, Zimt und 1 TL gemahlenen Ingwer mit Mehl und Salz.

Mexikanische Schokolade: Fügt ½ TL gemahlenen Zimt, 1 Msp. Cayennepfeffer (je nach Geschmack mehr oder weniger) und 30 g gesiebtes Kakaopulver zu. Reduziert die Mehlmenge dafür auf 120 g.

WAS PASSIERT, WENN ICH COOKIE DOUGH BACKE?

NA JA, DAS ERGEBNIS WIRD ANDERS ALS ERWARTET SEIN.

Der Teig der Rezepte aus diesem Buch ist dazu gedacht, roh gegessen zu werden. Da er kein Ei enthält, wird beim Backen kein typischer Cookie daraus. Wenn ihr ¼ TL Natron zum Grundteig gebt, lässt er sich backen. Danach habt ihr etwas, das nach Chocolate Chip Cookie aussieht – schmecken wird es jedoch anders (allerdings lassen sich aus diesem Teig schöne Garnierungen backen, siehe Serviervorschlag auf S. 60). Für einen weichen Chocolate Chip Cookie mit Biss, wie wir ihn kennen und lieben, braucht man einfach ein Ei. Ein traditionelleres Rezept zum Backen findet ihr auf S. 43 bei den Sandwich Cookies. Sie sind zusätzlich noch mit rohem Cookie Dough gefüllt.

SÜSSE KLEINIGKEITEN

Naschkatzen aufgepasst! Diese Pralinen, Trüffel und luftigen Marshmallows sind mit gewöhnlichen Leckereien nicht zu vergleichen. Greift zu und entdeckt das versteckte Herz aus Cookie Dough. So schmeckt Liebe auf den ersten Biss.

CHOCOLATE CHIP COOKIE DOUGH TRÜFFEL

Diese Trüffel gelten als mein Meisterstück aus der Backwerkstatt – obwohl sie genau genommen gar nicht gebacken werden. Sie sind leicht zuzubereiten und noch leichter zu essen. Deshalb solltet ihr sie besser Gästen anbieten. Ansonsten geratet ihr in Versuchung, sie alle selbst aufzuessen.

ERGIBT: **30–40 Trüffel**   ZUBEREITUNGSZEIT: **1 Stunde**   GESAMTZEIT: **2 Stunden**

FÜR DEN COOKIE DOUGH:
120 g weiche Butter
50 g Zucker
80 g brauner Vollrohrzucker
2 EL Milch oder Sahne
Mark von ¼ Vanilleschote, alternativ
    1 Msp. gemahlene Vanille

150 g Weizenmehl
1 Msp. Salz
75 g Zartbitter-Schokotröpfchen

FÜR DEN SCHOKOÜBERZUG:
220 g Zartbitterkuvertüre

Butter und beide Zuckersorten mit dem Mixer bei mittlerer Stufe in einer großen Schüssel 2–3 Minuten locker und schaumig schlagen. Milch und Vanille zugeben und vermengen. Mehl und Salz zufügen und bei niedriger Stufe (oder von Hand) einrühren. Die Schokotröpfchen unterheben. Die Schüssel abdecken und den Teig 30 Minuten in den Kühlschrank stellen, bis er fest und formbar ist.

Den Teig zu Bällchen (2–2 ½ cm Ø) formen und auf ein mit Backpapier ausgelegtes Backblech legen. Das Backblech mindestens 15 Minuten ins Tiefkühlfach stellen. Inzwischen die Kuvertüre nach Packungsanleitung im Wasserbad schmelzen. Dabei nicht zu stark erhitzen. Mit einer (Pralinen-)Gabel die Trüffel einzeln zum Überziehen in die Kuvertüre tauchen (siehe Tauchtipps S. 20). Überschüssige Schokolade mit der Gabel am Schüsselrand abstreifen. Die Trüffel zum Trocknen zurück auf das Backblech legen. Falls zum Schluss Kuvertüre übrig bleibt, diese einfach in einen Spritzbeutel mit kleiner, runder Tülle füllen und die Trüffel mit dekorativen Linien verzieren – oder die Kuvertüre mit der Gabel auf die Trüffel träufeln.

In einem luftdichten Behälter sind die Trüffel im Kühlschrank bis zu 1 Woche haltbar (allerdings bezweifle ich, dass es sie so lange geben wird).

TIPP:
Die Trocknungszeit von Kuvertüre ist unterschiedlich – besser auf der Verpackung nachlesen. Schneller trocknet sie im Kühlschrank.

Kuvertüre muss im Gegensatz zu reiner Schokolade nicht aufwendig temperiert werden, um einen festen Überzug zu bilden. Es genügt, sie in einem herkömmlichen Wasserbad zu schmelzen. Sie ist in verschiedenen Sorten in jedem Supermarkt oder online erhältlich. Wenn ihr statt Kuvertüre lieber Zartbitterschokolade nehmen, diese jedoch nicht temperieren wollt, müsst ihr die Trüffel nach dem Schokolieren im Kühlschrank aufbewahren, damit der Überzug nicht schmilzt.

💗 **Für den perfekten Überzug** verwendet ihr ein Wasserbad: Etwas Wasser in einem kleinen Topf zum Köcheln bringen. Den Topf vom Herd nehmen und eine kleine, hitzebeständige Schüssel auf den Topf stellen. Das Wasser sollte nur so hoch sein, dass die Schüssel das Wasser nicht berührt.

💗 **Die Kuvertüre in Stücke brechen** und in die Schüssel geben. Die Restwärme des heißen Wassers reicht aus, um die Kuvertüre zu schmelzen, ohne dass sie zu heiß wird. Die geschmolzene Kuvertüre sollte so lange flüssig bleiben, bis alle Trüffel überzogen sind. Sie lässt sich auch in der Mikrowelle erhitzen. Falls sie während des Überziehens zu hart wird, erwärmt sie einfach wieder.

💗 **Ist sie zu dickflüssig** (manche Sorten schmelzen gut, andere weniger, manche verklumpen), lässt sie sich durch die vorsichtige Zugabe von etwas Kakaobutter oder ungehärtetem Pflanzenfett verdünnen, bis die gewünschte Konsistenz erreicht ist.

💗 **Zum Überziehen der Trüffel** nehmt ihr am besten eine zweizackige Pralinengabel (online oder im Fachhandel erhältlich). Ihr könnt auch eine normale Gabel verwenden oder ihr pikt die Trüffel vorsichtig mit Zahnstochern auf.

INSIDE-OUT COOKIE DOUGH TRÜFFEL

Cookie Dough Trüffel sind einfach perfekt. Doch inside-out, also umgedreht, sind sie fast noch besser! Ein Innenleben aus dunklem Schokoteig, umhüllt von weißer Schokolade. Da kann man nichts falsch machen.

ERGIBT: 30–40 Trüffel **ZUBEREITUNGSZEIT: 1 Stunde** **GESAMTZEIT: 2 Stunden**

FÜR DEN COOKIE DOUGH:
120 g weiche Butter
100 g Zucker
50 g brauner Vollrohrzucker
2 EL Milch oder Sahne
Mark von ¼ Vanilleschote, alternativ
   1 Msp. gemahlene Vanille
120 g Weizenmehl

40 g Kakaopulver, gesiebt
1 Prise Salz
75 g weiße Schokotröpfchen oder weiße
   Schokolade, gehackt

FÜR DEN WEISSEN SCHOKOÜBERZUG:
220 g weiße Kuvertüre

Butter und beide Zuckersorten mit dem Mixer bei mittlerer Stufe in einer großen Schüssel 2–3 Minuten locker und schaumig schlagen. Milch und Vanille zugeben und vermengen. Mehl, Kakaopulver und Salz zufügen und bei niedriger Stufe (oder von Hand) einrühren. Weiße Schokotröpfchen unterheben. Die Schüssel abdecken und den Teig 30 Minuten in den Kühlschrank stellen, bis er fest und formbar ist.

Den Teig zu Bällchen (2–2 ½ cm Ø) formen und auf ein mit Backpapier ausgelegtes Backblech legen. Das Backblech mindestens 15 Minuten ins Tiefkühlfach stellen. Inzwischen die Kuvertüre nach Packungsanleitung im Wasserbad schmelzen. Dabei nicht zu stark erhitzen. Mit einer (Pralinen-)Gabel die Trüffel einzeln zum Überziehen in die Kuvertüre tauchen (siehe Tauchtipps S. 20). Überschüssige Schokolade mit der Gabel am Schüsselrand abstreifen. Die Trüffel zum Trocknen zurück auf das Backblech legen. Falls Kuvertüre übrig bleibt, diese in einen Spritzbeutel mit kleiner, runder Tülle füllen und die Trüffel damit verzieren.

In einem luftdichten Behälter sind die Trüffel im Kühlschrank bis zu 1 Woche haltbar.

KNUSPRIGE ERDNUSSBUTTER COOKIE DOUGH CUPS

Unverwechselbare Pralinen mit salzig-süßer Füllung aus Erdnussbutter Cookie Dough. Zucker, Crunch und Dekadenz in genau der richtigen Menge.

ERGIBT: **50–60 Cups**   ZUBEREITUNGSZEIT: **1 ½ Stunden**   GESAMTZEIT: **2 Stunden**

FÜR DEN COOKIE DOUGH:
80 g weiche Butter
80 g cremige Erdnussbutter
60 g Zucker
80 g brauner Vollrohrzucker
2 EL Milch oder Sahne
Mark von ¼ Vanilleschote, alternativ
    1 Msp. gemahlene Vanille
120 g Weizenmehl

1 Prise Salz (bei ungesalzener Erdnussbutter
    Salzmenge verdoppeln)
20 g gepuffter Reis oder anderes gepufftes
    Getreide (z. B. Dinkel, Quinoa)

FÜR DIE SCHOKOHÜLLE:
450 g Zartbitterkuvertüre

BESONDERES ZUBEHÖR:
Silikongießform für Konfekt (Förmchen oben
    3 ½ cm Ø)

Butter, Erdnussbutter und beide Zuckersorten mit dem Mixer bei mittlerer Stufe in einer großen Schüssel 2–3 Minuten locker und schaumig schlagen. Milch und Vanille zugeben und vermengen. Mehl und Salz zufügen und bei niedriger Stufe (oder von Hand) einrühren. Behutsam den Puffreis unterheben.

Die Kuvertüre nach Packungsanleitung im Wasserbad (siehe S. 21) schmelzen. Dabei nicht zu stark erhitzen. Je ½ TL geschmolzene Kuvertüre in die Förmchen gießen, mit einem kleinen Löffel oder einem Backpinsel die Innenwände bestreichen und die Gießform kurz zum Aushärten in den Kühlschrank stellen. Die restliche Kuvertüre flüssig halten.

Vorsichtig 1 TL Cookie Dough in jede Vertiefung der Silikongießform füllen. Die Förmchen sollten fast voll sein, sodass nur noch Platz für die abschließende Schokoschicht bleibt.

Jedes Förmchen mit ½ TL Kuvertüre bedecken und bis an den Rand verstreichen. Im Kühlschrank fest werden lassen, dann die Cups vorsichtig aus den Förmchen lösen. Mit restlicher Schokolade und übrigem Teig ebenso verfahren. In einem luftdichten Behälter sind die Cups im Kühlschrank bis zu 3 Tage haltbar.

TIPP:
Wer keine passende Gießform hat, kann auch Alu-Pralinenförmchen in eine Minimuffinform stellen. Oder ihr macht in Schokolade getauchtes Konfekt nach dem Rezept für Chocolate Chip Cookie Dough Trüffel (siehe S. 19).

CHOCOLATE CHIP COOKIE DOUGH KARAMELL

Die Herstellung von Karamell kann mühsam sein: Die kleinste Fehlberechnung – und schon wird aus cremigem Karamell ein schleimiger Klumpen oder ein harter Brocken. Dieses Rezept ist dagegen wirklich easy.

ERGIBT: **ca. 64 Stück**   ZUBEREITUNGSZEIT: **20 Minuten**   GESAMTZEIT: **3 Stunden**

FÜR DEN COOKIE DOUGH:
80 g weiche Butter
50 g Zucker
40 g brauner Vollrohrzucker
Mark von ¼ Vanilleschote, alternativ
   1 Msp. gemahlene Vanille
1 Prise Salz
2 EL Kochsahne (alternativ je zur Hälfte
   Milch und Sahne)
60 g Weizenmehl

FÜR DAS KARAMELL:
50 g brauner Vollrohrzucker
80 g Butter
1 Prise Salz
80 g Kochsahne (alternativ je zur Hälfte
   Milch und Sahne)
500–600 g Puderzucker (siehe Tipp)
Mark von ½ Vanilleschote, alternativ
   ¼ TL gemahlene Vanille
75 g Zartbitter-Schokotröpfchen

BESONDERES ZUBEHÖR:
quadratische Back- oder Auflaufform
   (20 × 20 cm)

Die Form mit Backpapier oder eingefetteter Alufolie so auslegen, dass auf zwei Seiten etwas Rand übersteht (siehe S. 42).

Für den Cookie Dough Butter und beide Zuckersorten mit dem Mixer bei mittlerer Stufe in einer großen Schüssel 2–3 Minuten locker und schaumig schlagen. Vanille, Salz und Kochsahne zugeben und vermengen. Mehl zufügen und unterrühren.

Für das Karamell Vollrohrzucker, Butter, Salz und Kochsahne in einem Topf bei mittlerer bis niedriger Temperatur unter Rühren erhitzen, bis die Butter zerlassen und der Zucker aufgelöst ist. Vom Herd nehmen. Den Puderzucker nach und nach hineinsieben und gut einarbeiten. Die Vanille einrühren.

Den Keksteig zugeben und alles vermengen. Die Masse sollte inzwischen auf Zimmertemperatur abgekühlt sein. Ansonsten weiterrühren, bis sie nicht mehr handwarm ist. Die Schokotröpfchen unterheben und die Masse in der vorbereiteten Form glatt streichen. Zum Festwerden mindestens 3 Stunden in den Kühlschrank stellen. Anschließend in 2 ½ cm große Stücke schneiden und servieren. Im Kühlschrank ist das Karamell bis zu 1 Woche haltbar.

TIPP:

Die Konsistenz dieses Karamells steht in enger Verbindung zur Puderzuckermenge. Mit nur 500 g wird das Karamell nicht so süß, aber auch nicht so fest. Serviert man es direkt aus dem Kühlschrank, ist das kein Problem. Steht das Karamell allerdings länger als 30 Minuten bei Zimmertemperatur, sollte man mehr Puderzucker (550–600 g) verwenden, da es sonst klebrig wird.

MARSHMALLOWS MIT COOKIE DOUGH WIRBELN

Manche Leute behaupten, sie mögen keine Marshmallows. Ich wette, sie haben noch nie hausgemachte Marshmallows probiert! Mit einem Wirbel aus Cookie Dough und Schokotröpfchen obenauf schmecken sie noch besser.

ERGIBT: ca. 24 Marshmallows   **ZUBEREITUNGSZEIT: 30 Minuten**   **GESAMTZEIT: 4 Stunden**

2 EL Butter für die Form
60 g Puderzucker, gesiebt

FÜR DEN COOKIE DOUGH:
80 g weiche Butter
2 EL Zucker
40 g brauner Vollrohrzucker
2 EL Milch oder Sahne
Mark von ¼ Vanilleschote, alternativ
    1 Msp. gemahlene Vanille
1 Prise Salz
40 g Weizenmehl

FÜR DIE MARSHMALLOWS:
2 Pck. gemahlene weiße Gelatine (à ca. 9 g)
200 g Zucker
40 g brauner Vollrohrzucker
150 g Zuckerrübensirup
1 Prise Salz
Mark von ¼ Vanilleschote, alternativ
    1 Msp. gemahlene Vanille
75 g Zartbitter-Schokotröpfchen zum
    Garnieren

BESONDERES ZUBEHÖR:
quadratische Back- oder Auflaufform
    (20 × 20 cm)
Zuckerthermometer

Die Form einfetten und so mit Backpapier auslegen, dass auf zwei gegenüberliegenden Seiten etwas Rand übersteht (siehe S. 42). Auch das Papier gut einfetten, dann großzügig mit 40 g Puderzucker bestäuben, sodass Wände und Ecken ebenfalls gut bedeckt sind.

Für den Cookie Dough Butter und beide Zuckersorten mit dem Mixer bei mittlerer Stufe in einer großen Schüssel 2–3 Minuten locker und schaumig schlagen. Milch, Vanille und Salz zufügen und gut vermengen. Mehl zugeben und unterrühren.

Für die Marshmallows die Gelatine in 80 ml kaltem Wasser in einer separaten Schüssel mindestens 5 Minuten einweichen.

Beide Zuckersorten, Zuckerrübensirup und Salz in einem mittelgroßen Topf vermengen. Bei mittlerer Temperatur unter Rühren zum Kochen bringen, bis sich der Zucker auflöst. Mit dem Rühren aufhören, sobald die Mischung zu sprudeln beginnt. Abgedeckt 2 Minuten kochen. Dann Deckel abnehmen und ohne Rühren weitere 7–8 Minuten kochen lassen, bis die Mischung 114 °C (Zuckerthermometer!) erreicht. Den Topf vom Herd nehmen.

MARSHMALLOWS MIT COOKIE DOUGH WIRBELN

Die Gelatinemischung mit dem Mixer bei niedriger Stufe verquirlen. Langsam die heiße Zuckermischung am Schüsselrand eingießen, damit es nicht spritzt. Die Geschwindigkeit erhöhen und 13–15 Minuten zu einer dicken, glänzenden lauwarmen Masse vermengen. Die Vanille unterrühren. Den Cookie Dough teelöffelweise unter die Marshmallowmischung heben, bis der Teig davon komplett durchzogen ist.

Den Teig in die vorbereitete Backform füllen und die Oberfläche mit einem leicht eingefetteten Teigspatel glatt streichen. Mit restlichem Puderzucker dünn bestäuben und die Schokotröpfchen darüberstreuen. Ohne Abdeckung 3 ½–4 Stunden ruhen lassen.

Zum Servieren den großen Marshmallow mithilfe des Backpapiers aus der Form heben und auf ein Schneidebrett legen. Vorsichtig das Backpapier an den Seiten ablösen. Mit einem leicht eingefetteten und mit Puderzucker bestäubten Messer oder Pizzarad in Würfel schneiden. Die Marshmallows sofort servieren oder in einem luftdichten Behälter bis zu 1 Woche aufbewahren.

KREATIVE VERPACKUNGSIDEEN:

Wenn ihr eure Köstlichkeiten verschenken möchtet, lohnt sich eine dekorative Verpackung sogar doppelt: Sie schützt die Leckereien und sieht dabei auch noch hübsch aus.

💜 **Schachteln.** Karamell- oder Konfektschachteln eignen sich perfekt für kleinere Süßigkeiten. Geschenk- oder Gebäckkartons sind eher für Cookies und Cupcakes gedacht. Am besten legt ihr sie mit Butterbrot- oder Backpapier aus, bevor ihr die Leckereien hineingebt. Eine gute Auswahl findet ihr z. B. in Bastelgeschäften und im Fachhandel für Backzubehör.

💜 **Süßigkeitentüten.** Mit Klarsichtbeuteln zeigt ihr eure Kreationen im besten Licht. Zerbrechliche oder verzierte Süßigkeiten einzeln verpacken, robustere Leckereien zu mehreren. Die Beutel könnt ihr mit Schmuckbändern oder -garnen zubinden. Achtet darauf, dass die Beutel lebensmittelecht sind!

💜 **Schmuckbänder und -garne.** Mit einem simplen dekorativen Akzent verwandelt ihr die Verpackung in einen Hingucker. Bindet eure Beutel und Kartons mit Rips- oder Satinband oder mit Baker's Twine (Bäckergarn) zu, macht eine hübsche Schleife dran oder ein persönliches Geschenkkärtchen.

💜 **Schmuckklebeband.** Warum langweiligen Klebestreifen nehmen, wenn es doch buntgemusterte Klebebänder (Washi-Tape) gibt? Washi stammt ursprünglich aus Japan und ist in zahllosen Farben und Mustern erhältlich. Ihr könnt damit Kartons und Beutel zukleben oder dekorieren.

💜 **Geschenkanhänger und -sticker.** Ob das übliche Von/Für oder etwas Kreativeres – Geschenkanhänger nennen auf attraktive Weise den Empfänger und erklären den (essbaren) Inhalt des Geschenks (was bei Kleingeback nicht immer gleich zu erkennen ist). Verwendet benutzte Papiertüten, alte Urlaubskarten oder Malpapier und schneidet interessante Formen daraus, die ihr dann mit Band oder Garn befestigt. Sticker sind ebenfalls in zahlreichen Farben und Mustern erhältlich und lassen sich sogar bedrucken.

💜 **Versandoptionen.** Wenn ihr eure Köstlichkeiten per Post verschicken wollt, legt die eingepackten Geschenke am besten in einen größeren Versandkarton, den ihr mit Luftpolsterfolie oder Verpackungschips auspolstert.

SUGAR COOKIE DOUGH LOLLIPOPS

Der Lollipop ist die berühmteste Leckerei am Stiel. Diese Version ist jedoch alles andere als gewöhnlich: Runde Scheiben aus Sugar Cookie Dough, gehüllt in einen Mantel aus Zartbitterschokolade und verziert mit kunterbunten Zuckerstreuseln.

ERGIBT: ca. 30 Lollipops   **ZUBEREITUNGSZEIT:** 45 Minuten   **GESAMTZEIT:** 2–14 Stunden

FÜR DEN COOKIE DOUGH:
120 g weiche Butter
200 g Zucker
1 EL Konditorsahne (mind. 35 % Fett)
Mark von ½ Vanilleschote, alternativ
   ¼ TL gemahlene Vanille
150 g Weizenmehl
1 Prise Salz

FÜR DEN SCHOKOÜBERZUG:
250 g Zartbitterkuvertüre
Zuckerstreusel zum Dekorieren (nach Belieben)

BESONDERES ZUBEHÖR:
Lollipop-Stiele
runde Ausstechform (4 cm Ø)

Butter und Zucker mit dem Mixer bei mittlerer Stufe in einer großen Schüssel 2–3 Minuten locker und schaumig schlagen. Konditorsahne und Vanille zugeben und gut vermengen. Mehl und Salz zufügen und gründlich unterrühren. Falls nötig, von Hand kneten, bis sich der Teig zu einer Kugel formen lässt.

Den Teig zwischen zwei Lagen Backpapier 1 cm dick ausrollen. Mit dem Ausstecher Kreise ausstechen und auf zwei mit Backpapier ausgelegten Backblechen verteilen. Vorsichtig seitlich einen Lollipop-Stiel ca. 2 ½ cm tief in die Kreise hineinschieben. Mindestens 1 Stunde oder über Nacht in den Tiefkühler legen.

Die Kuvertüre nach Packungsanleitung im Wasserbad (siehe S. 21) schmelzen. Dabei nicht zu stark erhitzen.

Portionsweise jeweils 2–3 Lollipops (die restlichen im Tiefkühler lassen) in die Kuvertüre tauchen und die Oberfläche mit einem kleinen Teigspatel glatt ziehen. Überschüssige Schokolade abtropfen lassen. Nach Belieben mit bunten Streuseln verzieren und zum Trocknen auf Backpapier legen. Mit den restlichen Lollipops ebenso verfahren. Im Kühlschrank sind sie bis zu 5 Tage haltbar.

TIPP:
Beim Erhitzen der Kuvertüre im Wasserbad hält das heiße Wasser die Kuvertüre warm, während ihr die Lollipops nach und nach überzieht.

PFEFFERMINZBRUCH MIT LEBKUCHEN COOKIE DOUGH

Pfefferminzbruch (»Peppermint Bark«) ist ein traditionelles amerikanisches Weihnachtspräsent. Mit Cookie Dough mit Lebkuchengeschmack verwandelt ihr das etwas langweilige Original in einen Superstar!

ERGIBT: ca. 1000 g   **ZUBEREITUNGSZEIT:** 30 Minuten   **GESAMTZEIT:** 1 Stunde

FÜR DEN COOKIE DOUGH:
1 EL weiche Butter
2 EL brauner Vollrohrzucker
3 EL Zuckerrohrmelasse (aus dem Bioladen)
1 Prise gemahlener Piment
1 Prise gemahlener Zimt
1 Msp. gemahlener Ingwer
1 Prise Salz
90 g Weizenmehl

FÜR DEN PFEFFERMINZBRUCH:
350 g Zartbitter-Schokotröpfchen
350 g weiße Schokotröpfchen oder weiße Schokolade, gehackt
100 g Pfefferminzbonbons oder -zuckerstangen, zerbröckelt

Butter, Vollrohrzucker und Zuckerrohrmelasse mit dem Mixer bei mittlerer Stufe in einer großen Schüssel 2–3 Minuten locker und schaumig schlagen. Gewürze und Salz zugeben und gut vermengen. Mehl nach und nach zufügen und unterrühren, bis sich der Teig zu großen Krümeln formen lässt. Beiseitestellen.

Ein Backblech mit Backpapier auslegen. In einer mikrowellengeeigneten Schüssel oder einem Glasmessbecher die dunklen Schokotröpfchen auf halber Leistung 2–3 Minuten in der Mikrowelle erhitzen, bis die Schokolade fast geschmolzen ist. Dabei alle 15 Sekunden umrühren. Aus der Mikrowelle nehmen und weiterrühren, bis die Schokolade glatt ist, dann gleichmäßig auf dem Backblech verstreichen. Zum Festwerden 10 Minuten in den Kühlschrank stellen.

Mit den weißen Schokotröpfchen ebenso verfahren und auf der dunklen Schokolade verstreichen. Bevor die weiße Schokoschicht fest wird, zerbröckelte Pfefferminzbonbons und Lebkuchen-Teigkrümel darüberstreuen und leicht andrücken. 10 Minuten kalt stellen, bis die Masse fest ist. Die große Schokotafel in Stücke brechen oder schneiden. Bis zum Verzehr im Kühlschrank aufbewahren.

TIPP:
In einer dekorativen Cookie-Dose oder Gebäckschachtel wird aus dieser Leckerei ein süßes Geschenk. Verpackt die Bruchstücke zwischen Backpapier, damit nichts zusammenklebt. Oder füllt die Stücke in Klarsichtbeutel oder gemusterte Tüten und bindet sie mit einer hübschen Schleife zu.

COOKIES & BROWNIES

Cookie Dough Cookies? Darauf könnt ihr wetten! Denn Cookie Dough versteht sich hervorragend mit seinen gebackenen Cousins. Ob gefüllt, geschichtet oder als Frosting – Cookies und Cookie Dough werden in köstlicher Harmonie vereint.

BROWNIES MIT CHOCOLATE CHIP COOKIE DOUGH

Diese himmlischen Brownies schmecken einfach überirdisch. Eine dünne Schicht üppig-schokoladiger Brownieteig, bedeckt von süß-salzigem Chocolate Chip Cookie Dough, gekrönt von einer buttrigen Schokoglasur.

ERGIBT: 16 Brownies   **ZUBEREITUNGSZEIT:** 45 Minuten   **GESAMTZEIT:** 2 Stunden

FÜR DIE BROWNIES:
60 g Weizenmehl
1 EL Kakaopulver
1 Msp. Salz
100 g Zartbitterschokolade, gehackt
80 g Butter, in Stücken
100 g brauner Vollrohrzucker
2 große Eier, leicht verquirlt
Mark von ½ Vanilleschote, alternativ
    ¼ TL gemahlene Vanille

FÜR DEN COOKIE DOUGH:
120 g weiche Butter
50 g Zucker
80 g brauner Vollrohrzucker

2 EL Milch oder Sahne
Mark von ¼ Vanilleschote, alternativ
    1 Msp. gemahlene Vanille
90 g Weizenmehl
1 Prise Salz
75 g Zartbitter-Schokotröpfchen

FÜR DIE SCHOKOGLASUR:
100 g Zartbitterschokolade, gehackt
2 EL Butter, in Stücken

BESONDERES ZUBEHÖR:
quadratische Back- oder Auflaufform
    (20 × 20 cm)

Den Backofen auf 180 °C (Ober-/Unterhitze) vorheizen. Den Boden und die Seiten der Form so mit Backpapier auslegen, dass auf zwei Seiten etwas Rand übersteht (siehe S. 42).

Für die Brownies Mehl, Kakaopulver und Salz in eine Schüssel sieben. Schokolade und Butter im Wasserbad (siehe S. 21) langsam schmelzen. Vom Herd nehmen und den Vollrohrzucker einrühren, bis der Zucker aufgelöst und die Mischung etwas abgekühlt ist. Eier und Vanille einarbeiten. Mit einem Teigspatel die Mehlmischung gleichmäßig unter die Schokoladenmasse heben. Den Teig in die vorbereitete Form gießen und 18–20 Minuten backen, bis an einem in die Mitte gestochenen Holzstäbchen kein Teig mehr haftet. Die Form zum Abkühlen auf ein Kuchengitter stellen.

Für den Cookie Dough Butter und beide Zuckersorten mit dem Mixer bei mittlerer Stufe in einer großen Schüssel 2–3 Minuten locker und schaumig schlagen. Milch und Vanille zugeben. Mehl und Salz zufügen und gut vermengen. Die Schokotröpfchen unterheben. Den Cookie Dough vorsichtig auf dem abgekühlten Browniekuchen verteilen und glatt streichen. Die Form in den Kühlschrank stellen, während die Glasur zubereitet wird.

Für die Glasur Schokolade und Butter vorsichtig unter Rühren im Wasserbad schmelzen. Über den Cookie Dough gießen und behutsam zu einer dünnen Schicht verstreichen. Die Form 30 Minuten kühl stellen, bis die Schokolade erkaltet ist.

Den Browniekuchen mithilfe des überstehenden Backpapiers im Ganzen aus der Form heben. Auf ein Schneidebrett legen und mit einem scharfen Messer in 5 cm große Stücke schneiden. In einem luftdichten Behälter sind die Brownies im Kühlschrank bis zu 3 Tage haltbar.

BLONDIES MIT WEISSER SCHOKOLADE UND MACADAMIANUSS COOKIE DOUGH

Blondies sind dasselbe wie Brownies, nur dass sie eben blond sind. Eine süße Köstlichkeit mit weißer Schokolade, die sich sehen lassen kann.

ERGIBT: **16 Blondies**   ZUBEREITUNGSZEIT: **30 Minuten**   GESAMTZEIT: **1 ½ Stunden**

FÜR DIE BLONDIES:
80 g Butter, in Stücken, plus mehr
    für die Form
120 g weiße Schokolade, gehackt
50 g Zucker
80 g brauner Vollrohrzucker
2 Eier
Mark von ½ Vanilleschote, alternativ
    ¼ TL gemahlene Vanille
120 g Weizenmehl
¼ TL Backpulver
1 Prise Salz

FÜR DEN COOKIE DOUGH:
60 g weiche Butter
2 EL Zucker
40 g brauner Vollrohrzucker

1 EL Milch oder Sahne
Mark von ¼ Vanilleschote, alternativ
    1 Msp. gemahlene Vanille
60 g Weizenmehl
1 Prise Salz
40 g weiße Schokotröpfchen oder weiße
    Schokolade, gehackt
30 g Macadamianusskerne, grob gehackt

FÜR DAS TOPPING:
60 g weiße Schokolade, geschmolzen
    (nach Belieben)

BESONDERES ZUBEHÖR:
quadratische Back- oder Auflaufform
    (20 × 20 cm)

Den Backofen auf 180 °C (Ober-/Unterhitze) vorheizen. Boden und Seiten der Form so mit Backpapier auslegen, dass auf zwei Seiten etwas Rand übersteht (siehe S. 42), und einfetten.

Für die Blondies Butter und Schokolade im Wasserbad (siehe S. 21) unter Rühren zu einer homogenen Masse schmelzen. Vom Herd nehmen und beide Zuckersorten einrühren. Die Masse sollte auf etwas mehr als Zimmertemperatur abkühlen. Es macht nichts aus, falls sich die Komponenten wieder trennen.

Eier und Vanille gut unterrühren. Mehl, Backpulver und Salz hineinsieben und vermengen, bis alles gut miteinander verbunden ist. Den Teig in die vorbereitete Form gießen.

Den Blondiekuchen 25–30 Minuten im Ofen backen, bis die Oberfläche goldbraun ist und an einem in die Mitte gestochenen Holzstäbchen kein Teig mehr haftet. Die Form zum Abkühlen auf ein Kuchengitter stellen.

Für den Cookie Dough Butter und beide Zuckersorten mit dem Mixer bei mittlerer Stufe in einer großen Schüssel 2–3 Minuten locker und schaumig schlagen. Milch und Vanille zugeben und gut vermengen. Mehl und Salz gründlich einrühren. Schokotröpfchen und Macadamianüsse unterheben.

BLONDIES MIT WEISSER SCHOKOLADE UND MACADAMIANUSS COOKIE DOUGH

Den Cookie Dough auf dem abgekühlten Kuchen glatt streichen. Nach Belieben mit geschmolzener weißer Schokolade verzieren. Mindestens 30 Minuten in den Kühlschrank stellen, bis der Cookie Dough fest ist.

Den Blondiekuchen mithilfe der hervorstehenden Ränder des Backpapiers im Ganzen aus der Form heben. Auf ein Schneidebrett legen und mit einem scharfen Messer in 5 cm große Stücke schneiden. In einem luftdichten Behälter sind die Blondies im Kühlschrank bis zu 3 Tage haltbar.

TIPP:
Damit die Blondies richtig glänzen, braucht ihr weiße Schokolade von wirklich guter Qualität. Ihr erkennt sie an den Zutaten: Kakaobutter sollte ziemlich weit vorne stehen. Falls das nicht der Fall ist, nehmt besser eine andere Marke.

AUSKLEIDEN VON FORMEN:

In vielen Rezepten dieses Buchs müsst ihr eine Form mit Backpapier auslegen, um den Inhalt später leichter herausnehmen zu können.

💗 **Für eine quadratische Form** schneidet ihr zwei Lagen Backpapier entsprechend der Größe der Form (in diesem Fall 20 cm) so zurecht, dass sie beidseitig etwas überstehen.

💗 **Legt die Streifen über Kreuz** aufeinander und fettet die Ecken ein. Falls das Backpapier herumrutscht, fettet auch die Form und zwischen den Backpapierlagen, um das Papier zu fixieren.

SANDWICH COOKIES MIT CHOCOLATE CHIP COOKIE DOUGH

Irgendwann musste der Chocolate Chip Cookie Dough wohl zwischen zwei Chocolate Chip Cookies landen. Ich bereue nichts. Sobald ihr diese Leckerei hoch zwei probiert, werdet ihr mich verstehen.

ERGIBT: **20–24 Sandwich Cookies**   ZUBEREITUNGSZEIT: **1 Stunde**   GESAMTZEIT: **2–14 Stunden**

FÜR DIE COOKIES:
180 g weiche Butter
120 g Zucker
100 g brauner Vollrohrzucker
2 Eier
Mark von 1 Vanilleschote, alternativ
    ½ TL gemahlene Vanille
280 g Weizenmehl
½ TL Natron
½ TL Salz
200 g Zartbitter-Schokotröpfchen

FÜR DEN COOKIE DOUGH:
120 g weiche Butter
80 g brauner Vollrohrzucker
30 g Weizenmehl
60 g Puderzucker
1 Prise Salz
60 g Konditorsahne (mind. 35 % Fett)
Mark von ½ Vanilleschote, alternativ
    ¼ TL gemahlene Vanille
75 g Zartbitter-Schokotröpfchen

Für die Cookies Butter und beide Zuckersorten mit dem Mixer in einer großen Schüssel 1–2 Minuten gründlich vermengen. Eier und Vanille zugeben. Schüsselwand abschaben, um alle Zutaten einzuarbeiten. Mehl, Natron und Salz hineinsieben und alles zu einem glatten Teig vermengen. Schokotröpfchen unterheben. Die Schüssel abdecken und den Teig mindestens 1 Stunde oder über Nacht kalt stellen.

Den Backofen auf 180 °C (Ober-/Unterhitze) vorheizen. Den gekühlten Teig zu Kugeln (2 ½ cm Ø) rollen, dann vorsichtig zu 2 cm dicken Scheiben flach drücken. Mit einem Abstand von 5 cm auf zwei mit Backpapier ausgelegten Backblechen verteilen. 9–11 Minuten im Ofen backen, bis die Ränder gerade goldbraun werden. Die Cookies auf dem Blech 5 Minuten abkühlen, dann auf ein Kuchengitter setzen und vollständig erkalten lassen.

Für die Cookie Dough Füllung Butter und Vollrohrzucker mit dem Mixer bei mittlerer Stufe in einer großen Schüssel 2–3 Minuten locker und schaumig schlagen. Mehl, Puderzucker und Salz zufügen und bei niedriger Stufe unterrühren. Langsam Konditorsahne und Vanille zugeben und 2 Minuten verquirlen, bis die Masse schön locker ist. Die Schokotröpfchen unterheben.

SANDWICH COOKIES MIT CHOCOLATE CHIP COOKIE DOUGH

Zum Fertigstellen 1 gehäuften EL der Füllung zwischen zwei Cookies geben. Die Cookies leicht zusammendrücken, sodass die Füllung bis zum Rand quillt. Mit den restlichen Cookies ebenso verfahren. In einem luftdichten Behälter sind die Doppelkekse im Kühlschrank bis zu 3 Tage haltbar. Vor dem Servieren 30 Minuten bei Zimmertemperatur erwärmen lassen.

GANZ ENTSPANNT:

Ungebackener Keksteig lässt sich bis zu 1 Monat einfrieren. Den Teig einfach zu Kugeln formen und auf einem mit Backpapier ausgelegten Backblech 1 Stunde im Tiefkühler gefrieren. Dann in einen Beutel mit Zippverschluss füllen, Luft herausdrücken und mit Rezeptnamen, Ofentemperatur und Backzeit beschriften. TK-Teigbällchen kann man direkt aus dem Tiefkühler nehmen und backen: Mit etwas Abstand auf einem mit Backpapier ausgelegten Backblech verteilen und die Backzeit um 2–3 Minuten verlängern.

WHOOPIE PIES MIT COOKIE DOUGH

Es wird Zeit, dass der klassische Whoopie Pie aus New England ein wenig aufgepeppt wird. Diese weichen Schokoladenkekse sind mit einem lockeren Marshmallow Cookie Dough gefüllt.

ERGIBT: 20–24 Whoopie Pies   **ZUBEREITUNGSZEIT: 45 Minuten**   **GESAMTZEIT: 1 Stunde**

FÜR DIE COOKIES:
250 g Weizenmehl
1 TL Natron
1 Msp. Salz
60 g Kakaopulver
1 TL Instant-Espressopulver
200 g Zucker
180 ml Vollmilch
80 ml Pflanzenöl
1 Ei, leicht verquirlt
Mark von 1 Vanilleschote, alternativ
    ½ TL gemahlene Vanille

FÜR DEN COOKIE DOUGH:
120 g weiche Butter
80 g brauner Vollrohrzucker
40 g Weizenmehl
1 Msp. Salz
200 g Marshmallowcreme oder -fluff
    (aus dem gut sortierten Supermarkt
    oder online)
Mark von ½ Vanilleschote, alternativ
    ¼ TL gemahlene Vanille
100 g Zartbitter-Schokotröpfchen

BESONDERES ZUBEHÖR:
Silikonbackmatte

Den Backofen auf 180 °C (Ober-/Unterhitze) vorheizen. Mehl, Natron, Salz, Kakao- und Espressopulver sowie Zucker in einer großen Schüssel mischen. Eine Mulde in die Mitte drücken und Milch, Öl, Ei und Vanille zugeben. Alles gut vermengen, bis das Mehl eingearbeitet ist. Die Mischung sollte die Konsistenz von dickem Keksteig haben.

Eine Silikonmatte auf ein Backblech legen. Den Teig esslöffelweise mit einem Abstand von 5 cm auf das Blech geben (den restlichen Teig beiseitestellen), nach Belieben runden und 10–12 Minuten im Ofen backen, bis die Cookies fest sind. 5 Minuten auf dem Backblech abkühlen, dann auf ein Kuchengitter setzen und komplett erkalten lassen. Mit dem restlichen Teig ebenso verfahren.

Für die Cookie Dough Füllung Butter und Vollrohrzucker mit dem Mixer bei mittlerer Stufe in einer großen Schüssel 2–3 Minuten locker und schaumig schlagen. Mehl und Salz zufügen und bei niedriger Stufe unterrühren. Marshmallowcreme und Vanille zugeben und gut vermengen, bis der Teig schön locker ist. Die Schokotröpfchen unterheben.

Zum Fertigstellen 1 gehäuften EL der Füllung auf die Unterseite eines Cookies geben und mit einem zweiten Keks zusammensetzen. Die Cookies leicht zusammendrücken, sodass die Füllung bis zum Rand quillt. Mit den restlichen Keksen ebenso verfahren. In einem luftdichten Behälter sind die Whoopie Pies im Kühlschrank bis zu 3 Tage haltbar.

TIPP:

Statt einer Silikonmatte könnt ihr auch Backpapier verwenden. Allerdings bleiben die Cookies daran manchmal haften.

FESTBEFLAGGUNG:

Mit Kuchenfähnchen verleiht ihr euren Leckereien aus Cookie Dough auf neckische Weise eine festliche Note. Das kostenlose Muster könnt ihr bei CookieDoughLovers.com downloaden. Druckt die Fähnchen auf Etikettenpapier (online oder im Schreibwarenladen erhältlich), schneidet sie aus und knickt sie in der Mitte. Zieht die Rückseite der Etiketten ab, legt einen Zahnstocher auf die Mittelfalte, klappt das Papier Kante auf Kante zusammen und steckt das Fähnchen in euer Dessert. Stilvoller geht's nicht!

BILLIONAIRE BARS MIT COOKIE DOUGH

Diese Schnitten ähneln den typisch amerikanischen Millionaire Bars, sind aber so viel besser! Schicht für Schicht begehrenswerte Süße: mürbes Shortbread, klebriges Karamell und weicher Cookie Dough, gekrönt von einer Glasur aus dunkler Schokolade.

ERGIBT: 16 Schnitten   **ZUBEREITUNGSZEIT: 1 Stunde**   **GESAMTZEIT: 3 ½ Stunden**

FÜR DAS SHORTBREAD:
80 g weiche Butter
70 g Zucker
Mark von ¼ Vanilleschote, alternativ
    1 Msp. gemahlene Vanille
1 Prise Salz
120 g Weizenmehl

FÜR DAS KARAMELL:
200 g weiche Karamellbonbons
    (ca. 25 Stück), ausgewickelt
2 EL Konditorsahne (mind. 35 % Fett)

FÜR DEN COOKIE DOUGH:
120 g weiche Butter
50 g Zucker
80 g brauner Vollrohrzucker
2 EL Konditorsahne (mind. 35 % Fett)
Mark von ¼ Vanilleschote, alternativ
    1 Msp. gemahlene Vanille
90 g Weizenmehl
1 Prise Salz
75 g Zartbitter-Schokotröpfchen

FÜR DIE SCHOKOGLASUR:
120 g Zartbitterschokolade, gehackt
1 EL Butter

BESONDERES ZUBEHÖR:
quadratische Back- oder Auflaufform
    (20 × 20 cm)

Den Backofen auf 180 °C (Ober-/Unterhitze) vorheizen. Boden und Seiten der Form so mit Backpapier auslegen, dass auf zwei Seiten etwas Rand übersteht (siehe S. 42).

Für das Shortbread Butter und Zucker mit dem Mixer bei mittlerer Stufe in einer großen Schüssel 2–3 Minuten schaumig schlagen. Vanille und Salz zugeben. Mehl zufügen und alles gründlich verrühren. Den leicht krümeligen Teig fest in die vorbereitete Form pressen. Mit einer Gabel Löcher in die Teigoberfläche stechen und das Shortbread 18–22 Minuten im Ofen backen, bis die Ränder goldbraun sind. Die Form zum Abkühlen auf ein Kuchengitter stellen.

Für die Karamellschicht die Karamellbonbons mit der Konditorsahne in einem kleinen Topf bei mittlerer Temperatur unter Rühren erhitzen, bis sich die Bonbons aufgelöst haben. Die heiße Karamellmischung auf den Shortbreadboden gießen und glatt streichen. Mindestens 1 Stunde kalt stellen, bis die Mischung fest ist. Falls das Karamell nach 1 Stunde noch weich ist, vor dem nächsten Schritt am besten 15 Minuten tiefkühlen.

BILLIONAIRE BARS MIT COOKIE DOUGH

Für den Cookie Dough Butter und beide Zuckersorten mit dem Mixer bei mittlerer Stufe in einer großen Schüssel 2–3 Minuten schaumig schlagen. Konditorsahne und Vanille zugeben und gut vermengen. Mehl und Salz zufügen und bei niedriger Stufe zu einem glatten Teig verrühren. Die Schokotröpfchen unterheben. Den Cookie Dough mit einem Teigspatel auf der Karamellschicht verteilen und glatt streichen. Die Form in den Kühlschrank stellen, während die Glasur zubereitet wird.

Schokolade und Butter in einem kleinen Topf bei niedriger Temperatur unter ständigem Rühren schmelzen. Die Glasur auf dem Cookie Dough verteilen und 30 Minuten kalt stellen.

Die große Schnitte mithilfe der hervorstehenden Ränder des Backpapiers im Ganzen aus der Form heben. Auf ein Schneidebrett legen und mit einem scharfen Messer in 5 cm große Stücke schneiden. In einem luftdichten Behälter sind die Billionaire Bars im Kühlschrank bis zu 3 Tage haltbar.

TIPP:

Ihr plant eine größere Runde? Dieses Rezept lässt sich verdoppeln, sodass ihr für hungrige Leckermäuler in einer Backform von 35 × 25 cm 35 Schnitten backen könnt.

ENGELSAUGEN MIT ERDNUSSBUTTER UND SCHOKOLADE

Ein Klecks aus schokoladigem Erdnussbutter Cookie Dough thront hier auf zuckersüßen Erdnussbutter Cookies!

ERGIBT: **30–40 Cookies**   GESAMTZEIT: **1 Stunde**

FÜR DIE COOKIES:
180 g cremige Erdnussbutter
120 g weiche Butter
150 g Zucker
80 g brauner Vollrohrzucker
1 Ei
Mark von ½ Vanilleschote, alternativ
    ¼ TL gemahlene Vanille
150 g Weizenmehl
1 TL Natron
1 Prise Salz (bei ungesalzener Erdnussbutter
    Salzmenge verdoppeln)

FÜR DEN COOKIE DOUGH:
2 EL cremige Erdnussbutter
120 g Butter
50 g Zucker
80 g brauner Vollrohrzucker
60 g Weizenmehl
30 g Kakaopulver, gesiebt
1 Msp. Salz
1 EL Sahne
Mark von ½ Vanilleschote, alternativ
    ¼ TL gemahlene Vanille
75 g Zartbitter-Schokotröpfchen

FÜR DAS TOPPING:
Zartbitterschokolade, geschmolzen

Den Backofen auf 180 °C (Ober-/Unterhitze) vorheizen. Erdnussbutter, Butter, 100 g Zucker und Vollrohrzucker mit dem Mixer bei mittlerer Stufe in einer großen Schüssel 1–2 Minuten schaumig schlagen. Ei und Vanille zugeben und verquirlen. Nach und nach Mehl, Natron und Salz zufügen und gut vermengen, bis alle Zutaten zu einem glatten Teig verarbeitet sind.

Den Teig esslöffelweise zu Kugeln (2–2 ½ cm Ø) formen. Die Kugeln gleichmäßig im restlichen Zucker wälzen und auf zwei mit Backpapier ausgelegten Backblechen mit einem Abstand von 5 cm verteilen. Die Cookies leicht mit einem Stößel, der Rückseite eines Teelöffels oder einfach mit dem Daumen (daher heißen sie im Englischen auch Thumbprint Cookies!) eindrücken, sodass in der Mitte eine kleine Mulde entsteht.

Etwa 10–12 Minuten im Ofen backen. 1 Minute abkühlen, dann die Mulde in der Mitte jeweils nochmals etwas vertiefen. Die Cookies auf ein Kuchengitter legen und vollständig erkalten lassen.

Für die Cookie Dough Füllung Erdnussbutter, Butter und beide Zuckersorten mit dem Mixer bei mittlerer Stufe in einer großen Schüssel 2–3 Minuten locker und schaumig schlagen. Mehl, Kakaopulver und Salz zufügen und bei niedriger Stufe unterrühren. Sahne und Vanille zugeben und alles gut vermengen. Die Schokotröpfchen unterheben.

Die abgekühlten Cookies jeweils mit 1 TL Füllung versehen und leicht andrücken (falls der Teig nicht haften bleibt, versucht, ihn mit einem Klecks Schokolade zu befestigen). Die Oberseite des Keksteigs kuppelförmig glätten. Anschließend mit geschmolzener Schokolade verzieren.

SUGAR COOKIES MIT COOKIE DOUGH FROSTING

Weich, mürbe und mit genau der richtigen Süße: Diese Sugar Cookies überzeugen durch ein fluffiges Frosting aus Cookie Dough mit Schokotröpfchen obenauf.

ERGIBT: **ca. 24 Cookies**   ZUBEREITUNGSZEIT: **1 Stunde**   GESAMTZEIT: **1 ½–13 Stunden**

FÜR DIE COOKIES:
100 g ungehärtetes Pflanzenfett
200 g Zucker
2 Eier
60 g Konditorsahne (mind. 35 % Fett)
Mark von 1 Vanilleschote, alternativ
  ½ TL gemahlene Vanille
1 Msp. Salz
½ TL Natron
½ TL Backpulver
500 g Weizenmehl, plus mehr bei Bedarf

FÜR DAS FROSTING:
180 g weiche Butter
50 g brauner Vollrohrzucker
40 g Weizenmehl
1 Msp. Salz
Mark von 1 Vanilleschote, alternativ
  ½ TL gemahlene Vanille
500 g Puderzucker, plus mehr bei Bedarf
80 g Konditorsahne (mind. 35 % Fett)
75 g Zartbitter-Schokotröpfchen zum
  Garnieren

BESONDERES ZUBEHÖR:
runde Ausstechform (8 cm Ø)

Für die Cookies Pflanzenfett und Zucker mit dem Mixer bei mittlerer Stufe in einer großen Schüssel 2–3 Minuten schaumig schlagen. Die Eier einzeln zugeben und gut unterrühren. Konditorsahne und Vanille zufügen und gründlich vermengen. Salz, Natron und Backpulver, dann das Mehl nach und nach zugeben und zu einem glatten Teig verarbeiten. Falls er zu klebrig ist, mehr Mehl hinzufügen. Die Schüssel abdecken und den Teig mindestens 30 Minuten oder über Nacht kalt stellen.

Den Backofen auf 180 °C (Ober-/Unterhitze) vorheizen.

Den Teig 1 cm dick ausrollen, mit der Ausstechform Kreise ausstechen und auf zwei mit Backpapier ausgelegten Backblechen gleichmäßig verteilen. Etwa 8–10 Minuten im Ofen backen, bis die Oberfläche mürbe wird und nicht mehr glänzt. Die Unterseite sollte nur leicht goldbraun sein. Nicht zu lange backen! Zum Abkühlen die Cookies auf ein Kuchengitter setzen.

Für das Frosting Butter und Vollrohrzucker mit dem Mixer in einer großen Schüssel 2–3 Minuten schaumig schlagen. Mehl, Salz und Vanille zugeben und unterrühren. Puderzucker nach und nach zufügen. Die Konditorsahne zugießen und alles zu einem lockeren Teig vermengen. Bei Bedarf mehr Puderzucker in kleinen Mengen einarbeiten, bis das Frosting dick, aber noch streichfähig ist.

Mit einer Winkelpalette oder einem Spatel 1 gehäuften EL Frosting auf jedem Cookie verstreichen. Schokotröpfchen darüberstreuen und leicht andrücken, damit sie haften. In einem luftdichten Behälter sind die Sugar Cookies im Kühlschrank bis zu 3 Tage haltbar.

KUCHEN, CREMESPEISEN & PIES

Beeindruckende Kuchen, himmlische Cremespeisen und perfekte Pies: Ob hoch aufgetürmte Schichttorte, reichhaltige Pie mit Englischer Creme oder geniale Crème brûlée. Sie kommen cremig und karamellisiert daher, dekadent und distinguiert, seidig und süß – und vor allem gefüllt mit Cookie Dough.

CREAM PIE MIT COOKIE DOUGH

Zwei meiner Lieblingsdesserts in einem – ein wunderbares Zusammenspiel, eine betörende Mischung. Ein Kuchenboden aus Schokoladenwaffeln. Cookie Dough mit Schokotröpfchen. Süße Cremefüllung. Schlagsahne. Und klitzekleine Chocolate Chip Cookies als Dekoration.

ERGIBT: 1 Pie (10–12 Stücke)   **ZUBEREITUNGSZEIT: 45 Minuten**   **GESAMTZEIT: 4 Stunden**

FÜR DEN BODEN:
6 EL Butter, zerlassen
2 EL gemahlene Mandeln (nach Belieben, für einen noch besseren Geschmack)
200 g Schokoladenwaffeln, in der Küchenmaschine fein zermahlen

FÜR DEN COOKIE DOUGH:
120 g weiche Butter
50 g Zucker
80 g brauner Vollrohrzucker
2 EL Milch oder Sahne
Mark von ¼ Vanilleschote, alternativ 1 Msp. gemahlene Vanille
150 g Weizenmehl
1 Msp. Salz
75 g Zartbitter-Schokotröpfchen

FÜR DIE CREMEFÜLLUNG:
120 g brauner Vollrohrzucker
40 g Weizenmehl
1 Prise Salz
500 ml Vollmilch
3 Eigelb
1 EL Butter
Mark von ½ Vanilleschote, alternativ ¼ TL gemahlene Vanille

FÜR DAS TOPPING:
200 g Konditorsahne (mind. 35 % Fett)
3 EL Zucker
Mark von ¼ Vanilleschote, alternativ 1 Msp. gemahlene Vanille

BESONDERES ZUBEHÖR:
Springform (24 cm Ø)

Den Backofen auf 180 °C (Ober-/Unterhitze) vorheizen. Für den Boden zerlassene Butter, gemahlene Mandeln (falls verwendet) und Waffelbrösel mit einer Gabel gründlich vermengen. Die Masse in der Springform verteilen und fest andrücken, dabei auch einen Rand hochziehen. Etwa 8 Minuten im Ofen backen, bis der Boden fest ist. Vollständig auskühlen lassen.

Für den Cookie Dough Butter und beide Zuckersorten mit dem Mixer bei mittlerer Stufe 2–3 Minuten schlagen, bis die Masse leicht und locker wird. Milch und Vanille einrühren. Mehl und Salz zufügen und bei niedriger Stufe (oder von Hand) gut vermengen. Die Schokotröpfchen unterheben.

Den Cookie Dough auf dem abgekühlten Boden in der Form verteilen, sodass eine gleichmäßige, knapp 1 ½ cm dicke Teigschicht entsteht. (Den restlichen Keksteig aufessen oder daraus kleine Cookies backen, siehe Serviervorschlag nächste Seite.) Die Springform kühl stellen, bis die Cremefüllung zubereitet ist.

CREAM PIE MIT COOKIE DOUGH

Vollrohrzucker, Mehl und Salz in einen Topf geben. Die Hälfte der Milch zugießen und zu einem glatten Teig vermengen. Die Mischung bei mittlerer Temperatur unter ständigem Rühren zum Kochen bringen. Etwa 2 Minuten weiterrühren, bis die Masse homogen ist und eindickt. Vom Herd nehmen.

Die Eigelbe mit der restlichen Milch in einer feuerfesten Schüssel verquirlen. Die Hälfte der warmen Milchmischung nach und nach unter ständigem Rühren zugießen, um die Eiermilch zu temperieren. Diese dann zur restlichen warmen Milchmischung in den Topf geben und vermengen.

Bei mittlerer Temperatur unter ständigem Rühren zum Kochen bringen. Die Hitze reduzieren und 1 Minute köcheln lassen, bis die Mischung die Konsistenz eines dicken Puddings hat. Vom Herd nehmen und Butter sowie Vanille einrühren. 5 Minuten lauwarm abkühlen lassen.

Die Füllung über den gekühlten Cookie Dough gießen und mit einer Winkelpalette glatt streichen. Die Creme sollte ebenfalls knapp 1 ½ cm hoch sein. Mindestens 3 Stunden im Kühlschrank kalt stellen.

Für das Topping die Konditorsahne mit dem Mixer aufschlagen, bis sie leichte Falten wirft. Zucker und Vanille zugeben und fertig steif schlagen. Ein wenig beiseitenehmen, den Rest mit der Winkelpalette gleichmäßig auf der gekühlten Füllung verstreichen. Die übrige Sahne mit einem Spritzbeutel oder Löffel dekorativ auf der Torte verteilen. Bis zum Servieren im Kühlschrank aufbewahren.

TIPP:
Damit der Teigboden schön fest wird, den Boden und die Ränder mit einem Messbecher mit flachem Boden (falls nötig, leicht eingefettet) gut andrücken.

SERVIERVORSCHLAG:

Für die dekorativen Mini Chocolate Chip Cookies ¼ TL Natron mit Mehl und Salz zum Cookie Dough geben. Nachdem der Kuchenboden mit Cookie Dough bedeckt ist, den restlichen Teig zu Kugeln (knapp 1 ½ cm Ø) rollen und bei 180 °C (Ober-/Unterhitze) 7–9 Minuten goldbraun backen.

SCHICHTTORTE MIT COOKIE DOUGH UND SCHOKOLADENGANACHE

Nichts macht mehr Eindruck als ein hoch aufragender, mit Buttercreme herausgeputzter Schichtkuchen. Und zur Überraschung der Gäste verstecken sich darin noch cremiger Chocolate Chip Cookie Dough und dekadente Schokoladenganache!

ERGIBT: 1 Torte (etwa 16 Stücke)   **ZUBEREITUNGSZEIT:** 1 ½ Stunden   **GESAMTZEIT:** 12 Stunden

FÜR DIE TORTE:

360 g Weizenmehl Type 405
1 ½ EL Backpulver
100 g Zucker
200 g brauner Vollrohrzucker
½ TL Salz
250 g weiche Butter, in Stücken, plus mehr
    für die Formen
300 ml Vollmilch
2 Eier
6 Eiweiß
Mark von 1 Vanilleschote, alternativ
    ½ TL gemahlene Vanille

FÜR DEN COOKIE DOUGH:

180 g weiche Butter
100 g Zucker
80 g brauner Vollrohrzucker
60 ml Vollmilch oder Sahne
Mark von ½ Vanilleschote, alternativ
    ¼ TL gemahlene Vanille

60 g Weizenmehl
1 Msp. Salz
75 g Zartbitter-Schokotröpfchen

FÜR DIE GANACHE:

80 g Zartbitterschokolade, gehackt
80 g Konditorsahne (mind. 35 % Fett)

FÜR DIE BUTTERCREME:

5 Eiweiß
160 g brauner Vollrohrzucker
50 g Zucker
1 Msp. Salz
500 g weiche Butter
Mark von ½ Vanilleschote, alternativ
    ¼ TL gemahlene Vanille

BESONDERES ZUBEHÖR:

3 Springformen (à 24 cm Ø)
Flachrührer-Aufsatz für das Rührgerät

Zwei Backofenroste ins obere und untere Drittel des Backofens schieben, sodass drei Springformen übereinander Platz haben. (Wenn der Ofen groß genug ist, können auch zwei der Formen nebeneinander gestellt werden.) Den Backofen auf 180 °C (Ober-/Unterhitze) vorheizen. Die Böden und Seitenwände der Springformen mit Butter einfetten, dann mit Backpapier auslegen und erneut mit Butter fetten.

SCHICHTTORTE MIT COOKIE DOUGH UND SCHOKOLADENGANACHE

Mehl, Backpulver, beide Zuckersorten und Salz in einer großen Schüssel mit dem Mixer vermengen. Butter und 250 ml Milch zufügen und zuerst bei niedriger Stufe weiterrühren. Dann die Geschwindigkeit auf mittlere Stufe erhöhen und die Masse 1–2 Minuten leicht und schaumig schlagen.

Die restliche Milch, Eier, Eiweiße und Vanille in einer kleinen Schüssel verquirlen. Die Eimischung nach und nach unter die Mehlmasse heben und gut vermengen. Dann den Teig gleichmäßig auf die Springformen verteilen.

Die Teige 22–25 Minuten im Ofen backen. Nach der Hälfte der Backzeit die Position der Formen von oben nach unten durchwechseln. Die fertigen Kuchen sollten oben goldgelb sein, an einem in die Mitte gestochenen Holzstäbchen sollte kein Teig mehr haften. Die Springformen etwa 1 Stunde auf einem Kuchengitter abkühlen lassen. Dann vorsichtig den Rand lösen, die Kuchen auf das Gitter stürzen und das Backpapier entfernen. Fest und zweifach in Frischhaltefolie eingewickelt wären die Kuchen nun im Tiefkühler bis zu 1 Monat haltbar.

Für den Cookie Dough Butter und beide Zuckersorten mit dem Mixer auf mittlerer Stufe 2–3 Minuten leicht und schaumig schlagen. Milch und Vanille zufügen und vermengen. Mehl und Salz zugeben und auf niedriger Stufe zu einem glatten Teig verrühren. Die Schokotröpfchen unterheben.

Für die Ganache die gehackte Schokolade in eine kleine feuerfeste Schüssel füllen. Die Konditorsahne in einem kleinen Topf bei niedriger Temperatur zum Köcheln bringen, dann über die Schokolade gießen und zu einer glatten Mischung verrühren. Auf Zimmertemperatur abkühlen lassen. Inzwischen die Buttercreme zubereiten.

Im Wasserbad (siehe S. 21) Eiweiße, beide Zuckersorten und Salz verquirlen. Bei mittlerer Temperatur 5–7 Minuten schlagen, bis sich der Zucker aufgelöst hat und die Masse heiß ist. In eine große Rührschüssel füllen und 15 Minuten bei mittlerer Stufe mit dem Mixer aufschlagen, bis sie glänzend und vollkommen abgekühlt ist.

Nun mit dem Flachrührer-Aufsatz die Hälfte der Butter in kleinen Portionen einarbeiten. Bei mittlerer Geschwindigkeit weiterrühren, bis alles gut vermengt ist. Falls sich die Buttercreme trennt, die Mixgeschwindigkeit erhöhen und weiterschlagen, bis die Creme bindet. Die restliche Butter zugeben. Vanille hinzufügen und 2–3 Minuten weiterrühren, bis die Creme locker wird.

Um den Kuchen aufzubauen, jede Teigschicht mit einem Wellenschliffmesser eben schneiden. Einen Boden mit der flachen Seite nach oben auf eine mit Backpapier belegte Kuchenplatte legen, damit der Überzug aufgetragen werden kann, ohne die Platte zu verunreinigen.

TIPP:

Ich empfehle, die Kuchen im Voraus zu backen und sie für eine Nacht einzufrieren. Auch wenn das Einfrieren nicht unbedingt nötig ist, erleichtert es das Abflachen mit dem Messer. Am Tag des Servierens bereitet ihr dann nur noch die Füllungen zu.

SCHICHTTORTE MIT COOKIE DOUGH UND SCHOKOLADENGANACHE

Die Hälfte des Cookie Doughs gleichmäßig auf dem Kuchen verstreichen, danach die Hälfte der Ganache. Die Prozedur mit der zweiten Kuchenschicht sowie restlichem Cookie Dough und Ganache wiederholen. Mit der dritten Kuchenschicht abschließen (glatte Seite nach oben).

Einen Teil der Buttercreme als dünne Schicht auf dem Kuchen auftragen. Der Kuchen sollte noch durch den Überzug zu sehen sein. Diese »Krümelschicht« befestigt einzelne Teigkrümel, bevor die letzte Schicht aufgetragen wird. Die Torte etwa 30 Minuten kalt stellen, damit die Krümelschicht einzieht.

Ein wenig Buttercreme nach Belieben für weitere Verzierungen beiseitestellen. Die Torte dann mit der restlichen Buttercreme großzügig mit einer großen Winkelpalette überziehen und Seiten und Oberfläche glätten. Die Buttercreme für die Dekoration nach Belieben einfärben und mit einer Spritztüte aufbringen. Die Schichttorte bis zum Servieren kalt stellen.

TIPP:
Für einen modernen Look den Kuchen mit Schokotröpfchen oder -scheibchen dekorieren.

GEGEN DIE HITZE:

Buttercreme und heiße Sommertage vertragen sich nicht gut. Wenn die Buttercreme zu wässrig wird, bis zu 100 g ungehärtetes Pflanzenfett hinzufügen, um sie zu stabilisieren. Nebenbei: »Weiche Butter« bedeutet 18–20 °C – bei höherer Zimmertemperatur die Butter also vor dem Verarbeiten nicht zu lange stehen lassen.

SCHOKOCUPCAKES MIT COOKIE DOUGH FÜLLUNG

Ein Schokocupcake ist schon wunderbar. Noch besser ist ein Schokocupcake, der mit Cookie Dough Buttercreme bestrichen ist. Und ein Schokocupcake, gefüllt mit Cookie Dough und bestrichen mit Cookie Dough Buttercreme? Der ist einfach perfekt!

ERGIBT: **12 Cupcakes**   ZUBEREITUNGSZEIT: **30 Minuten**   GESAMTZEIT: **1 Stunde**

FÜR DIE CUPCAKES:
120 g Weizenmehl
40 g Kakaopulver, gesiebt
50 g Zucker
80 g brauner Vollrohrzucker
¾ TL Natron
½ TL Backpulver
1 Msp. Salz
180 ml Vollmilch
120 ml Pflanzenöl
Mark von ½ Vanilleschote, alternativ
    ¼ TL gemahlene Vanille
2 Eier, leicht verquirlt

FÜR DEN COOKIE DOUGH:
120 g weiche Butter
50 g Zucker
80 g brauner Vollrohrzucker
60 ml Milch oder Sahne
Mark von ½ Vanilleschote, alternativ
    ¼ TL gemahlene Vanille
120 g Weizenmehl
1 Msp. Salz
100 g Zartbitter-Schokotröpfchen

FÜR DIE BUTTERCREME:
180 g weiche Butter
250 g Puderzucker

BESONDERES ZUBEHÖR:
Muffinblech mit 12 Vertiefungen
12 Papierförmchen

Den Backofen auf 180 °C (Ober-/Unterhitze) vorheizen. Das Muffinblech mit Papierförmchen auslegen.

Für die Cupcakes Mehl, Kakaopulver, beide Zuckersorten, Natron, Backpulver und Salz in einer Schüssel vermengen. In der Mitte eine Mulde formen und Milch, Öl, Vanille und Eier zugeben. Nur so lange verrühren, bis alles miteinander verbunden ist, dabei auch den Schüsselboden mit einem Teigspatel vom Mehl befreien und einarbeiten.

Die Papiertörmchen jeweils zu knapp zwei Dritteln mit Teig füllen. Etwa 18–22 Minuten im Ofen backen, bis an einem in die Mitte gestochenen Holzstäbchen kein Teig mehr haftet. Zum Abkühlen auf ein Kuchengitter stellen.

Für den Cookie Dough Butter und beide Zuckersorten in einer großen Schüssel mit dem Mixer auf mittlerer Stufe in 2–3 Minuten schaumig schlagen. Milch und Vanille einrühren. Mehl und Salz zugeben und auf niedriger Stufe (oder von Hand) einarbeiten, bis alles vermengt ist. Etwa 200 g Teig für die Buttercreme beiseitestellen. Dann die Hälfte der Schokotröpfchen unter den restlichen Teig heben.

SCHOKOCUPCAKES MIT COOKIE DOUGH FÜLLUNG

Für die Buttercreme die Butter mit dem Mixer 1–2 Minuten cremig schlagen. Puderzucker nach und nach hineinsieben und zu einem glatten Teig verarbeiten. Den beiseitegestellten Cookie Dough zugeben und bei mittlerer Stufe 2–3 Minuten weiterrühren, bis die Creme locker und leicht ist.

Mit einem scharfen Messer ein kegelförmiges Stück (ca. 2 ½ cm Ø) aus der Oberseite der Cupcakes schneiden, herausheben und bis auf die Spitzen entsorgen (also essen!). Den entstandenen Krater mit dem Chocolate Chip Cookie Dough füllen und wieder mit den Cupcake-Spitzen verschließen. Großzügig mit einem Teigspatel oder Spritzbeutel das Buttercreme-Frosting aufbringen. Die restlichen Schokotröpfchen darüberstreuen.

SÜSSE ÜBERRASCHUNG:

Mit einem scharfen Messer und etwas Geschick lassen sich kinderleicht gefüllte Cupcakes herstellen. Einen Kegel (ca. 2 ½ cm Ø) ausschneiden und herausheben. Den Krater mit Teig füllen und die Spitze des Kegels wieder auf die Füllung drücken. Das Topping bedeckt die Nahtstelle und verbirgt die süße Überraschung.

MOSAIK-KÄSEKUCHEN MIT COOKIE DOUGH

Wenn es um Käsekuchen geht, ist alles möglich. Die cremige Basis dient als Grundlage für die verschiedensten Aromen und Zutaten wie Cookie Dough (hier 3 verschiedene Sorten). In diesem Rezept werden Schokotröpfchen, Schokolade mit weißen Schokotröpfchen und Erdnussbutter von einer köstlich-vanilligen Frischkäsecreme zusammengehalten.

ERGIBT: **1 Kuchen (12–16 Stücke)** ZUBEREITUNGSZEIT: **45 Minuten** GESAMTZEIT: **24 Stunden**

FÜR DEN BODEN:

300–350 g Eierplätzchen oder Vanillekekse, fein zerbröselt
Mark von ½ Vanilleschote, alternativ ¼ TL gemahlene Vanille
2 EL brauner Vollrohrzucker
2 EL gemahlene Mandeln (nach Belieben)
1 Prise Salz
6 EL Butter, zerlassen

FÜR DIE COOKIE DOUGHS:

120 g weiche Butter
50 g Zucker
80 g brauner Vollrohrzucker
2 EL Milch oder Sahne
Mark von ¼ Vanilleschote, alternativ 1 Msp. gemahlene Vanille
150 g Weizenmehl
1 Prise Salz

2 EL Kakaopulver
40 g weiße Schokotröpfchen oder weiße Schokolade, gehackt
2 EL cremige Erdnussbutter
40 g Zartbitter-Schokotröpfchen

FÜR DIE FÜLLUNG:

600 g Frischkäse (Doppelrahmstufe)
160 g brauner Vollrohrzucker
3 Eier
200 g saure Sahne
Mark von 1 Vanilleschote, alternativ ½ TL gemahlene Vanille
1 Prise Salz

BESONDERES ZUBEHÖR:

Springform (26 cm Ø)
extrabreite und -starke Alufolie

Den Backofen auf 180 °C (Ober-/Unterhitze) vorheizen.

Für den Boden alle Zutaten gut miteinander vermengen. Die Mischung in der Springform verteilen und fest andrücken, dabei einen 2 ½ cm hohen Rand hochziehen. Etwa 10 Minuten im Ofen backen, bis es duftet. Auf einem Kuchengitter 30 Minuten abkühlen lassen. Die Ofentemperatur auf 160 °C reduzieren.

TIPP:

Gemahlene Mandeln verleihen dem Boden zusätzlichen Geschmack. Ihr könnt auch Mandelmehl verwenden.

MOSAIK-KÄSEKUCHEN MIT COOKIE DOUGH

Die Springform in die Mitte zweier über Kreuz liegender Bahnen der extrastarken Alufolie stellen. Die Ränder der Folie nach oben um den Rand der Form falten, ohne die Folie zu zerreißen, um sie wasserdicht zu machen.

Für die Cookie Doughs Butter und beide Zuckersorten in einer großen Schüssel mit dem Mixer bei mittlerer Stufe 2–3 Minuten locker und schaumig schlagen. Milch und Vanille zufügen. Bei niedriger Stufe Mehl und Salz gut unterrühren. Die Teigmischung in drei gleichgroße Portionen teilen und zwei davon in separate Schüsseln geben. Das Kakaopulver in die große Schüssel sieben und bei mittlerer Stufe mit dem Mixer einarbeiten. Dann die weißen Schokotröpfchen unterheben. Den zweiten Teig mit Erdnussbutter vermengen. Die dunklen Schokotröpfchen in den dritten Teig einrühren. Aus allen drei Teigen Kugeln (2 cm Ø) formen und auf einem mit Backpapier ausgelegten Backblech verteilen. Mindestens 30 Minuten im Tiefkühler fest werden lassen.

Für das Wasserbad ausreichend Wasser in einem großen Topf zum Kochen bringen.

Für die Füllung Frischkäse und Vollrohrzucker mit dem Mixer 2–3 Minuten locker und schaumig rühren. Die Eier nach und nach einarbeiten. Saure Sahne, Vanille und Salz zufügen und vermengen, bis sich alles gerade verbunden hat.

Etwa ein Drittel der Füllung auf den abgekühlten Boden streichen. Die Hälfte der Cookie Dough Kugeln gleichmäßig darauf arrangieren. Mit einem weiteren Drittel der Füllung bedecken und die restlichen Teigkugeln auflegen. Mit der übrigen Füllung abschließen.

Den Käsekuchen in der ummantelten Form in eine tiefe Bratform setzen und in den Ofen schieben. So viel kochendes Wasser angießen, dass die Springform zur Hälfte im Wasser steht. 55–65 Minuten im Ofen backen, bis die Mitte des Kuchens bei Rütteln nur noch leicht wackelt. Den Kuchen herausnehmen und auf ein Kuchengitter stellen. Die Folie entfernen und den Käsekuchen 1 Stunde auf Zimmertemperatur abkühlen lassen. Über Nacht im Kühlschrank aufbewahren.

Zum Servieren die Springform entfernen. Damit der Mosaikeffekt schön zur Geltung kommt, den Käsekuchen mit einem scharfen Messer aufschneiden, solange er noch kalt ist. Übriger Kuchen lässt sich in Alufolie gewickelt bis zu 3 Tage im Kühlschrank oder bis zu 1 Monat im Tiefkühler aufbewahren.

TIPP:

Im Wasserbad wird der Käsekuchen gleichmäßig durchgebacken. Man kann ihn auch ohne Wasserbad backen, aber dann ist es möglich, dass er Risse bekommt oder einsinkt. Er schmeckt natürlich immer noch genauso toll, aber mit dieser sanften Backmethode erhaltet ihr die besten und schönsten Käsekuchen. Wichtig ist, extrabreite Alufolie zu verwenden– so dringt während des Backens kein Wasser in die Springform ein.

SÜSSER BROTAUFLAUF MIT CHOCOLATE CHIP COOKIE DOUGH

Je mehr Cookie Dough, desto besser. Vor allem, wenn man eine ganze Auflaufform voll warmem, klebrigem Brotpudding erhält. Die Garnierung aus Cookie Dough Streuseln kommt warm und knusprig aus dem Backofen, während der darunter verborgene Keksteig mit dem Brot und der Englischen Creme verschmolzen ist.

ERGIBT: **12 Portionen**   ZUBEREITUNGSZEIT: **25 Minuten**   GESAMTZEIT: **2 Stunden**

FÜR DIE BROTFÜLLUNG:

1 Laib Brioche (ca. 500 g) oder Stangen-
    weißbrot, in 2 cm große Würfel geschnitten
60 g Butter, zerlassen

FÜR DIE ENGLISCHE CREME:

3 Eier
700 g Kochsahne (alternativ je zur Hälfte
    Milch und Sahne)
100 g Zucker
80 g brauner Vollrohrzucker
1 Prise Salz
Mark von 1 Vanilleschote, alternativ
    ½ TL gemahlene Vanille

FÜR DEN COOKIE DOUGH:

60 g weiche Butter
50 g Zucker
80 g brauner Vollrohrzucker
1 EL Milch oder Sahne
Mark von ½ Vanilleschote, alternativ
    ¼ TL gemahlene Vanille
120 g Weizenmehl
1 Prise Salz
120 g Zartbitter-Schokotröpfchen

BESONDERES ZUBEHÖR:

große Auflaufform (35 × 20 cm) oder
    mehrere kleinere

Den Backofengrill auf höchster Stufe vorheizen.

Die Brotwürfel in einer Schüssel mit der Butter vermengen, bis sie rundum bedeckt sind. Auf zwei mit Backpapier ausgelegten Backblechen gleichmäßig verteilen und nacheinander je etwa 2–3 Minuten im Ofen goldbraun rösten. Das Brot in die Form geben. Die Ofentemperatur auf 180 °C (Umluft) reduzieren.

Für die Englische Creme Eier, Kochsahne, beide Zuckersorten, Salz und Vanille in einer Schüssel verrühren. Die Mischung über das Brot gießen und 30 Minuten durchziehen lassen. Gelegentlich umrühren, damit das Brot die Vanillecreme gleichmäßig aufnimmt.

TIPP:

Diesen Pudding könnt ihr auch in kleinen, feuerfesten Auflaufförmchen backen. Die Backzeit reduziert sich dann auf 10–15 Minuten, je nach Größe der Formen.

SÜSSER BROTAUFLAUF MIT CHOCOLATE CHIP COOKIE DOUGH

Für den Cookie Dough Butter und beide Zuckersorten mit dem Mixer 2–3 Minuten bei mittlerer Stufe leicht und schaumig schlagen. Milch und Vanille unterrühren. Mehl und Salz bei niedriger Stufe (oder von Hand) vollständig einrühren, sodass grobe Streusel entstehen. Die Schokotröpfchen unterheben.

Die Hälfte des Cookie Doughs in die Form krümeln und vorsichtig unterheben, bis der Teig mit Vanillecreme bedeckt und gleichmäßig verteilt ist. Den restlichen Teig in Streuseln obenauf verteilen.

Etwa 1 Stunde im Ofen backen, bis der Brotauflauf aufgeht und goldbraun ist. Herausnehmen und vor dem Servieren 10–15 Minuten abkühlen lassen.

DAS BROT ENTSCHEIDET:

Brioche ist ein reichhaltiges Brot auf Grundlage von Eiern und Butter. Ihr bekommt es in guten Bäckereien. Als Ersatz gehen auch Briochebrötchen, Hefezopf oder weiches Weißbrot. Noch besser ist es natürlich selbst gemacht, dann könnt ihr es auch für French Toast (siehe S. 111) verwenden.

CRÈME BRÛLÉE MIT COOKIE DOUGH

Ein Dessert mit so vielen Akzentstrichen im Namen wirkt immer etwas anspruchsvoll, weshalb es manche vielleicht für kompliziert halten. Aber diese göttliche Nachspeise ist wirklich leicht zuzubereiten und benötigt nur wenige einfache Zutaten. Mit einer Extraschicht Cookie Dough wird sie sogar noch besser und verdient vielleicht ein paar Akzente mehr.

ERGIBT: 4–5 Crème brûlées (à ca. 120 g) **ZUBEREITUNGSZEIT:** 30 Minuten **GESAMTZEIT:** 3 Stunden

FÜR DEN COOKIE DOUGH:
60 g weiche Butter
2 EL Zucker
40 g brauner Vollrohrzucker
2 EL Milch oder Sahne
Mark von ¼ Vanilleschote, alternativ
    1 Msp. gemahlene Vanille
60 g Weizenmehl
1 Prise Salz
2 EL Zartbitter-Schokotröpfchen

FÜR DIE VANILLECREME:
180 g Konditorsahne (mind. 35 % Fett)
2 Eigelb
2 EL Zucker
Mark von ¼ Vanilleschote, alternativ
    1 Msp. gemahlene Vanille
50 g brauner Vollrohrzucker zum Bestreuen

BESONDERES ZUBEHÖR:
4–5 Auflaufförmchen (à ca. 120 g)
Flambierbrenner (nach Belieben)

Den Backofen auf 150 °C (Umluft) vorheizen. Für das Wasserbad etwas Wasser in einem kleinen Topf zum Kochen bringen.

Für den Cookie Dough Butter und beide Zuckersorten mit dem Mixer bei mittlerer Stufe etwa 2–3 Minuten schaumig schlagen. Milch und Vanille zufügen und unterrühren. Mehl und Salz auf niedriger Stufe zugeben und vollständig einarbeiten. Je 1 gehäuften EL Teig als dünne Schicht auf dem Boden der Auflaufförmchen verteilen und mit Schokotröpfchen bestreuen. Die Tröpfchen leicht in den Teig drücken.

Für die Vanillecreme die Konditorsahne in einem kleinen Topf erhitzen, bis sie zu dampfen beginnt. Nicht kochen lassen! Eigelbe und Zucker in einer Schüssel 1–2 Minuten hellgelb aufschlagen. Nach und nach in die warme Sahne gießen. Dabei kräftig rühren, bis alles vermengt ist. Vanille zugeben. Entstandenen Schaum abschöpfen und die Vanillecreme auf den Cookie Dough in die Auflaufförmchen gießen.

CRÈME BRÛLÉE MIT COOKIE DOUGH

Die Förmchen in eine tiefe Bratform stellen und in den Backofen schieben. Vorsichtig so viel kochendes Wasser angießen, dass die Förmchen zur Hälfte im Wasser stehen. 25–30 Minuten (oder 35–40 Minuten bei tieferen Auflaufförmchen) im Ofen backen, bis sich die Masse leicht gesetzt hat. Die Mitte der Crème brûlées sollten noch leicht wackeln. Förmchen aus dem Wasserbad nehmen und auf Zimmertemperatur abkühlen lassen. Mit Frischhaltefolie abdecken und mindestens 3 Stunden in den Kühlschrank stellen.

Kurz vor dem Servieren gleichmäßig mit Vollrohrzucker bestreuen. Mit einem Flambierbrenner karamellisieren, ohne den Zucker anbrennen zu lassen. Sofort servieren.

TIPP:
Ist gerade kein Flambierbrenner zur Hand, kann man die
Crème brûlées auch unter dem Backofengrill bei hoher
Stufe in etwa 2–3 Minuten goldbraun karamellisieren.

COOKIE DOUGH TARTELETTES MIT MEXIKANISCHER SCHOKOLADE

Diese ungewöhnlich gewürzten Mini-Törtchen mit lockerem Teigboden, Cookie Dough mit mexikanischer Schokolade, einem Hauch von Cayennepfeffer, einer Schicht Dulce de leche (ein mexikanischer Milch-Karamell-Aufstrich) und einer reichhaltigen Schokoglasur muss man aufgrund ihrer Größe zum Glück nicht mit anderen teilen.

ERGIBT: 4–5 kleine Tartelettes oder 1 Tarte   **ZUBEREITUNGSZEIT:** 45 Minuten   **GESAMTZEIT:** 3 Stunden

FÜR DEN BODEN:
150 g Weizenmehl, plus mehr zum Arbeiten
1 Msp. Salz
1 TL Zucker
120 g kalte Butter, in Stücken, plus mehr
     für die Förmchen
3 EL Eiswasser

FÜR DEN COOKIE DOUGH:
60 g weiche Butter
2 EL Zucker
40 g brauner Vollrohrzucker
2 EL Milch oder Sahne
Mark von ¼ Vanilleschote, alternativ
     1 Msp. gemahlene Vanille
60 g Weizenmehl
3 EL Kakaopulver, gesiebt

¼ TL gemahlener Zimt
1 Msp. gemahlener Cayennepfeffer
     (oder nach Geschmack)
1 Prise Salz
75 g Zartbitter-Schokotröpfchen

FÜR DIE GLASUR:
60 ml Dulce de leche oder Karamellsauce
100 g Zartbitterschokolade, gehackt
2 EL Butter
1 TL Golden Syrup, alternativ heller
     Zuckerrübensirup

BESONDERES ZUBEHÖR:
4–5 Tarteletteförmchen (9–12 cm Ø) oder
     1 große Tarteform (24 cm Ø)
getrocknete Hülsenfrüchte zum Blindbacken

Für den Teigboden Mehl, Salz und Zucker verrühren. Butter zugeben und alles mit einem Messer oder einer Teigkarte krümelig vermengen. Das Eiswasser esslöffelweise zufügen und mit einer Gabel untermischen, bis der Teig zu verklumpen beginnt. Nicht zu lange rühren.

Den Teig flach drücken, fest in Frischhaltefolie einwickeln und mindestens 1 Stunde kühl stellen. Für einzelne kleine Törtchen den gekühlten Teig in 6 gleich große Stücke schneiden, und alle bis auf eines zurück in den Kühlschrank legen. Für eine einzige große Tarte diesen Schritt auslassen.

TIPP:
Wenn ihr mit den Fingerspitzen ein Stück Teig aufnehmen könnt, ohne dass er zerbröckelt, ist er genau richtig.

COOKIE DOUGH TARTELETTES MIT MEXIKANISCHER SCHOKOLADE

Die Förmchen mit etwas Butter fetten. Auf einer bemehlten Arbeitsfläche den Teig zügig zu einer dünnen Platte ausrollen, die ca. 5 cm größer ist als das Förmchen. Vorsichtig hineinlegen, ohne den Teig zu dehnen. Überstehenden Rand abschneiden und mit den Fingern den Teigrand fälteln. Das Förmchen in den Kühlschrank stellen und den Vorgang mit restlichem Teig und Förmchen wiederholen. Die Teigböden mindestens 1 Stunde kalt stellen oder 30 Minuten tiefkühlen. Das ist wichtig, damit der Teig beim Backen nicht schrumpft.

Den Backofen auf 190 °C (Ober-/Unterhitze) vorheizen. Etwas Alufolie mit Butter einstreichen und mit der Butterseite nach unten auf die Teigböden legen. Mit getrockneten Bohnen oder anderen Hülsenfrüchten beschweren und 12–13 Minuten im Ofen blindbacken. Bohnen und Folie entfernen und die Böden weitere 5–8 Minuten goldbraun backen. Die Förmchen zum Abkühlen auf ein Kuchengitter stellen.

Für die Cookie Dough Füllung Butter und beide Zuckersorten in einer großen Schüssel mit dem Mixer bei mittlerer Stufe 2–3 Minuten locker und schaumig schlagen. Milch und Vanille zugeben. Mehl, Kakaopulver, Gewürze und Salz bei niedriger Stufe (oder von Hand) einrühren. Die Schokotröpfchen unterheben.

Für die Glasur die Dulce de leche in einem kleinen Topf leicht erwärmen. Schokolade, Butter und Sirup in einem weiteren kleinen Topf bei niedriger Temperatur unter Rühren schmelzen lassen.

Den Cookie Dough gleichmäßig auf die Törtchen verteilen und vorsichtig flach drücken. Mit der warmen Dulce de leche beträufeln und mit einer dünnen Schicht Schokolade abschließen. Zum Festwerden etwa 30 Minuten in den Kühlschrank stellen. Die Törtchen möglichst am selben Tag verzehren.

TIPP:
Wer keine Gewürze mag, lässt einfach Zimt und/oder Cayennepfeffer weg. Oder ihr ersetzt Gewürze und Kakaopulver durch weitere 3 EL Mehl, so erhaltet ihr einen einfacheren, aber ebenso köstlichen Chocolate Chip Cookie Dough, der wundervoll zu Karamell und Schokoglasur passt.

PUDDING AUS COOKIE DOUGH MIT SCHOKOTRÖPFCHEN

Pudding aus Cookie Dough lässt sich schnell und einfach für einen Nachmittagssnack herstellen. Dieser Vanillepudding ist mit Vollrohrzucker gesüßt und mit Schokotröpfchen gesprenkelt. Schnell zubereitet, aber einfach köstlich.

ERGIBT: **4–6 Portionen** ZUBEREITUNGSZEIT: **20 Minuten** GESAMTZEIT: **2 Stunden**

120 g brauner Vollrohrzucker
1 Prise Salz
3 EL Speisestärke
500 ml Vollmilch
100 g Konditorsahne (mind. 35 % Fett)

Mark von ½ Vanilleschote, alternativ
    ¼ TL gemahlene Vanille
2 EL Butter
40 g Zartbitter-Schokotröpfchen zum
    Garnieren

80 g Vollrohrzucker, Salz und Speisestärke in einem Topf klumpenfrei verrühren. Milch und Konditorsahne zugießen und bei mittlerer Temperatur 5–7 Minuten erhitzen, bis die Mischung einzudicken beginnt und Blasen wirft. Die Temperatur reduzieren und die Masse unter Rühren etwa 5 Minuten schön dick werden lassen.

Vom Herd nehmen und mit restlichem Zucker, Vanille und Butter glatt rühren.

Den Pudding in eine große Schüssel oder mehrere kleine Puddingschüsseln gießen. Mit Frischhaltefolie abdecken und die Folie auf die Oberseite des Puddings drücken. 1–2 Stunden kalt stellen. Vor dem Servieren Folie entfernen und mit Schokotröpfchen bestreuen.

LOCKER UND CREMIG:

Nicht verzweifeln, wenn der Pudding (meist durch zu große Hitze) klumpig geworden ist! Die Masse einfach mit einem biegsamen Teigspatel durch ein feinmaschiges Sieb drücken, dann wird der Pudding wieder locker und cremig

GEFRORENE LECKEREIEN

An einem heißen Sommertag kommt eine Schüssel frisch zubereitete, erfrischende Eiscreme genau richtig. Oder ein Wassereis am Stiel, direkt aus dem Tiefkühler. Oder ein cremiger Milchshake. Oder ... na ja, ihr wisst, was ich meine. Mit Cookie Dough wird das Ganze noch cooler.

EISCREME MIT CHOCOLATE CHIP COOKIE DOUGH

Ich mag keine Eiscreme mit zu wenig Cookie Dough. Es gibt keine größere Enttäuschung für mich, als nur ein paar traurige Bröckchen der Köstlichkeit darin zu finden. Daher strotzt dieses Rezept nur so vor Cookie Dough. Und noch besser: Die reichhaltige Vanillecreme gefriert zu einer wunderbar cremigen Konsistenz, die alleine für sich schon ein Genuss ist. Der Cookie Dough ist nur das Sahnehäubchen.

ERGIBT: ca. 1 ½ l   ZUBEREITUNGSZEIT: **35 Minuten**   GESAMTZEIT: **12–24 Stunden**

FÜR DIE EISCREME:
450 g Konditorsahne (mind. 35 % Fett)
250 ml Vollmilch
50 g Zucker
80 g brauner Vollrohrzucker
1 Prise Salz
4 Eigelb
Mark von ½ Vanilleschote, alternativ
    ¼ TL gemahlene Vanille

FÜR DEN COOKIE DOUGH:
120 g weiche Butter
50 g Zucker
80 g brauner Vollrohrzucker
1 Prise Salz
Mark von ¼ Vanilleschote, alternativ
    1 Msp. gemahlene Vanille
2 EL Milch oder Sahne
90 g Weizenmehl
75 g Zartbitter-Schokotröpfchen

BESONDERES ZUBEHÖR:
Zuckerthermometer
Eismaschine

Für die Eiscreme die Hälfte der Konditorsahne in eine mittelgroße, feuerfeste Schüssel gießen und diese in eine größere Schüssel mit Eiswasser stellen. Dieses Eisbad wird später benötigt, um die Eiscreme zu kühlen.

Die restliche Sahne, Milch, beide Zuckersorten und Salz in einen Topf geben. Unter ständigem Rühren vorsichtig auf mittlerer Stufe erhitzen, bis sich der Zucker aufgelöst hat und die Mischung zu dampfen beginnt. Vom Herd nehmen.

In einer kleinen Schüssel die Eigelbe verquirlen. Nach und nach langsam (damit die Eier binden und nicht stocken) die Hälfte der warmen Sahnemilch gründlich unterrühren, bis die Masse handwarm ist. Die Eimasse zurück in den Topf geben und bei mittlerer Temperatur unter ständigem Rühren 5–7 Minuten wieder auf ca. 75 °C (Zuckerthermometer!) erhitzen, bis sie leicht eindickt und an einem Teigspatel kleben bleibt. Nicht zum Kochen bringen. Durch ein feines Sieb in die Schüssel mit der kühlen Sahne im Eisbad passieren. Vanille zugeben und rühren, bis die Masse erkaltet ist.

TIPP:
Dieses Rezept kann man in jeder Eismaschine mit ca. 1 l Fassungsvermögen zubereiten. Wenn man den Cookie Dough zugibt, erhält man etwa 1 ½ l Eiscreme.

Die Schüssel mit Frischhaltefolie abdecken. Die Folie dabei vorsichtig auf die Oberseite der Masse drücken, damit sich keine Haut bildet. Mindestens 3 Stunden oder über Nacht in den Kühlschrank stellen.

Für den Cookie Dough Butter und beide Zuckersorten in einer Rührschüssel mit dem Mixer auf mittlerer Stufe 2–3 Minuten schaumig schlagen. Salz, Vanille und Milch zugeben. Nach und nach das Mehl zufügen und einrühren. Die Schokotröpfchen unterheben. Mindestens 30 Minuten in den Kühlschrank stellen, bis der Teig fest genug ist, um ihn weiterzuverarbeiten.

Kurz vor dem Gefrieren der Eiscreme murmelgroße Kugeln aus dem Cookie Dough formen, auf ein mit Backpapier ausgelegtes Backblech legen und im Tiefkühler ein paar Minuten härten lassen.

Die Eiscrememasse in einer Eismaschine nach Gebrauchsanweisung kühlen. Wenn sie eine feste, aber noch streichfähige Konsistenz angenommen hat, schnell in einen frostsicheren Behälter füllen, die gefrorenen Cookie Dough Bällchen gleichmäßig unterheben und im Tiefkühler einfrieren, bis die Eiscreme fest ist.

EIWEISS ÜBRIG? EINFRIEREN!

Die Eiweiße in kleine Beutel mit Zippverschluss geben und mit Anzahl und Datum beschriften. Flach ins Gefrierfach legen. Die gefrorenen Eiweiße können später für andere Rezepte verwendet werden (zum Beispiel für die Schichttorte auf S. 61). Zum Auftauen einfach über Nacht in den Kühlschrank legen. Soll es schneller gehen, für 20–30 Minuten in einen Behälter mit kaltem Wasser legen.

SCHOKOEISCREME MIT CHOCOLATE CHIP COOKIE DOUGH

Viele behaupten, dass mit Schokolade alles besser schmeckt. Diese mit Schokolade aufgepeppte Version von Eiscreme mit Cookie Dough belegt das auf überzeugende Weise.

ERGIBT: ca. 1 ½ l   ZUBEREITUNGSZEIT: 35 Minuten   GESAMTZEIT: 12–24 Stunden

FÜR DIE EISCREME:
450 g Konditorsahne (mind. 35 % Fett)
120 g Zartbitter-Schokotröpfchen
250 ml Vollmilch
150 g Zucker
1 Prise Salz
4 Eigelb
Mark von ½ Vanilleschote, alternativ
    ¼ TL gemahlene Vanille

FÜR DEN COOKIE DOUGH:
120 g weiche Butter
50 g Zucker

80 g brauner Vollrohrzucker
1 Prise Salz
Mark von ¼ Vanilleschote, alternativ
    1 Msp. gemahlene Vanille
2 EL Milch oder Sahne
90 g Weizenmehl
75 g Zartbitter-Schokotröpfchen

BESONDERES ZUBEHÖR:
Zuckerthermometer
Eismaschine

Für die Eiscreme die Hälfte der Konditorsahne in eine mittelgroße, feuerfeste Schüssel gießen und diese in eine größere Schüssel mit Eiswasser stellen. Dieses Eisbad dient später dazu, die Eiscreme zu kühlen.

Die Schokotröpfchen in eine kleine Schüssel geben. Die restliche Sahne in einem Topf bei mittlerer Temperatur zum Dampfen bringen, dann über die Schokolade gießen und 30 Sekunden stehen lassen. Verquirlen, bis die Schokolade geschmolzen und die Mischung glatt ist.

Die geschmolzene Schokolade zusammen mit Milch, Zucker und Salz zurück in den Topf geben. Langsam bei mittlerer Temperatur unter regelmäßigem Rühren erhitzen, bis sich der Zucker aufgelöst hat und die Masse zu dampfen beginnt. Vom Herd nehmen.

Die Eigelbe in einer kleinen Schüssel verquirlen. Nach und nach langsam (damit die Eier binden und nicht stocken) die Hälfte der warmen Schokomilch unterrühren, bis die Mischung handwarm ist.

SCHOKOEISCREME MIT CHOCOLATE CHIP COOKIE DOUGH

Die Eimasse zurück in den Topf geben und bei mittlerer Temperatur unter ständigem Rühren 5–7 Minuten auf ca. 75 °C (Zuckerthermometer!) erhitzen, bis sie leicht eindickt und an einem Teigspatel kleben bleibt. Nicht zum Kochen bringen. Durch ein feines Sieb in die Schüssel mit der kalten Sahne im Eisbad passieren. Vanille zugeben und rühren, bis die Masse erkaltet ist.

Die Schüssel mit Frischhaltefolie abdecken. Die Folie dabei vorsichtig auf die Oberseite der Masse drücken, damit sich keine Haut bildet. Mindestens 3 Stunden oder über Nacht kalt stellen.

Für den Cookie Dough Butter und beide Zuckersorten in einer Rührschüssel mit dem Mixer auf mittlerer Stufe 2–3 Minuten schaumig schlagen. Salz, Vanille und Milch zugeben. Nach und nach das Mehl zufügen und einrühren. Die Schokotröpfchen unterheben. Mindestens 30 Minuten in den Kühlschrank stellen, bis der Teig fest genug ist, um ihn weiterzuverarbeiten.

Kurz vor dem Gefrieren der Eiscreme murmelgroße Kugeln aus dem Cookie Dough formen, auf ein mit Backpapier belegtes Backblech legen und im Tiefkühler ein paar Minuten härten lassen.

Die Eiscrememasse in einer Eismaschine nach Gebrauchsanweisung kühlen. Wenn sie eine feste, aber noch streichfähige Konsistenz angenommen hat, schnell in einen frostsicheren Behälter füllen, die gefrorenen Cookie Dough Bällchen gleichmäßig unterheben und im Tiefkühler einfrieren, bis die Eiscreme fest ist.

HAT DA JEMAND NACH ERDNUSSBUTTER GERUFEN?

Eine weitere dekadente Variation erhaltet ihr, wenn ihr das Basisrezept mit Erdnussbutter verfeinert (siehe S. 14 unten).

EISCREME MIT COOKIE DOUGH AUS WEISSER SCHOKOLADE UND MACADAMIANÜSSEN

Die Kombination aus weißer Schokolade und Macadamianüssen fühlt sich einfach perfekt an. So als ob man (mit den Zehen im warmen Sand) an einem tropischen Strand sitzen, den Löffel in einen Eiscremebecher stecken und darin einen Brocken weichen Cookie Dough entdecken würde.

ERGIBT: ca. 1 ½ l ZUBEREITUNGSZEIT: 35 Minuten GESAMTZEIT: 12–24 Stunden

---

FÜR DIE EISCREME:
220 g weiße Schokolade von guter Qualität, gehackt
450 g Konditorsahne (mind. 35 % Fett)
200 g Kokosmilch mit hohem Fettgehalt
100 g Zucker
1 Prise Salz
4 Eigelb
Mark von ¼ Vanilleschote, alternativ 1 Msp. gemahlene Vanille

FÜR DEN COOKIE DOUGH:
120 g weiche Butter
50 g Zucker

80 g brauner Vollrohrzucker
1 Prise Salz
Mark von ¼ Vanilleschote, alternativ 1 Msp. gemahlene Vanille
2 EL Milch oder Sahne
90 g Weizenmehl
75 g weiße Schokotröpfchen oder weiße Schokolade, gehackt
50 g Macadamianusskerne, grob gehackt

BESONDERES ZUBEHÖR:
Zuckerthermometer
Eismaschine

Für die Eiscreme die weiße Schokolade in eine mittelgroße, feuerfeste Schüssel füllen. Eine größere Schüssel mit Eiswasser vorbereiten. Dieses Eisbad dient später dazu, die Eiscreme zu kühlen.

Die Hälfte der Konditorsahne mit Kokosmilch, Zucker und Salz in einem mittelgroßen Topf vorsichtig bei mittlerer Temperatur unter häufigem Rühren erhitzen, bis sich der Zucker aufgelöst hat und die Mischung zu dampfen beginnt. Vom Herd nehmen.

Die Eigelbe in einer kleinen Schüssel verquirlen. Nach und nach langsam (damit die Eier binden und nicht stocken) die Hälfte der warmen Sahnemilch unterrühren, bis die Mischung handwarm ist. Die Eimasse zurück in den Topf geben und bei mittlerer Temperatur unter ständigem Rühren 5–7 Minuten auf ca. 75 °C (Zuckerthermometer!) erhitzen, bis sie leicht eindickt und an einem Teigspatel kleben bleibt. Nicht zum Kochen bringen.

EISCREME MIT COOKIE DOUGH AUS WEISSER SCHOKOLADE UND MACADAMIANÜSSEN

Zügig durch ein feines Sieb in die Schüssel mit der weißen Schokolade passieren und die Masse glatt rühren. Restliche Konditorsahne und Vanille zugeben. In die vorbereitete Schüssel mit Eiswasser stellen und rühren, bis die Masse erkaltet ist. Die Schüssel mit Frischhaltefolie abdecken. Die Folie dabei vorsichtig auf die Oberseite der Masse drücken, damit sich keine Haut bildet. Mindestens 3 Stunden oder über Nacht kalt stellen.

Für den Cookie Dough Butter und beide Zuckersorten in einer großen Schüssel mit dem Mixer bei mittlerer Stufe 2–3 Minuten schaumig schlagen. Salz, Vanille und Milch zugeben und gut vermengen. Nach und nach das Mehl zufügen und einrühren. Weiße Schokotröpfchen und Macadamianüsse unterheben. Etwa 30 Minuten in den Kühlschrank stellen, bis die Masse fest genug ist, um sie weiterzuverarbeiten.

Kurz vor dem Gefrieren der Eiscreme murmelgroße Kugeln aus dem Cookie Dough formen, auf ein mit Backpapier belegtes Backblech legen und im Tiefkühler ein paar Minuten härten lassen.

Die Eiscrememasse in einer Eismaschine nach Gebrauchsanweisung kühlen. Wenn sie eine feste, aber noch streichfähige Konsistenz angenommen hat, schnell in einen frostsicheren Behälter füllen, die gefrorenen Cookie Dough Bällchen gleichmäßig unterheben und im Tiefkühler einfrieren, bis die Eiscreme fest ist.

TIPP:

Kleine weiße Schokotröpfchen findet ihr in gut sortierten Supermärkten, im Fachgeschäft für Backzutaten oder im Internet. Ansonsten ersetzt sie einfach durch gehackte weiße Schokolade von guter Qualität.

SCHICHTTORTE MIT EISCREME UND COOKIE DOUGH

Ein Geburtstagskuchen aus Eiscreme schmeckt in jedem Alter – ob mit 5 oder mit 35 Jahren. Enthält der Kuchen dann noch versteckte Schichten aus Chocolate Chip Cookie Dough, ist das die Krönung jedes Geburts- oder sonstigen Feiertags.

ERGIBT: 1 Schichttorte (12–16 Portionen)   **ZUBEREITUNGSZEIT:** 2 Stunden   **GESAMTZEIT:** 12–24 Stunden

FÜR DIE EISCREME:
1 Vanilleschote
350 g Konditorsahne (mind. 35 % Fett)
350 ml Vollmilch
120 g Zucker
1 Prise Salz
4 Eigelb
¼ TL gemahlene Vanille

FÜR DEN KUCHEN:
2 EL Butter für die Formen
120 g Weizenmehl
200 g Zucker
40 g Kakaopulver
1 TL Natron
½ TL Backpulver
1 Prise Salz
120 ml Vollmilch
60 ml Rapsöl
120 ml kalter Kaffee

1 Ei, leicht verquirlt
Mark von ¼ Vanilleschote, alternativ
    1 Msp. gemahlene Vanille

FÜR DEN COOKIE DOUGH:
180 g weiche Butter
100 g Zucker
80 g brauner Vollrohrzucker
1 Msp. Salz
Mark von ½ Vanilleschote, alternativ
    ¼ TL gemahlene Vanille
60 ml Milch oder Sahne
120 g Weizenmehl
120 g Zartbitter-Schokotröpfchen

BESONDERES ZUBEHÖR:
2 Springformen (24 cm Ø)
Zuckerthermometer
Eismaschine

Für die Eiscreme die Vanilleschote längs aufschlitzen und das Mark herausschaben. 150 g Konditorsahne, Milch, Zucker, Salz, Vanilleschote und -mark in einem Topf langsam unter regelmäßigem Rühren bei mittlerer Temperatur erhitzen, bis sich der Zucker aufgelöst hat und die Mischung zu dampfen beginnt. Vom Herd nehmen, abdecken und 30 Minuten ziehen lassen.

Die restliche Konditorsahne in eine mittelgroße, feuerfeste Schüssel gießen und in eine größere Schüssel mit Eiswasser stellen.

Die Vanillemischung wieder auf dem Herd bei mittlerer Temperatur zum Dampfen bringen.

Die Eigelbe in einer kleinen Schüssel verquirlen. Nach und nach langsam (damit die Eier binden und nicht stocken) die Hälfte der warmen Sahnemilch unterrühren, bis die Mischung handwarm ist.

Die Eimischung zurück in den Topf gießen und wieder bei mittlerer Temperatur unter ständigem Rühren 5–7 Minuten auf ca. 75 °C erhitzen, bis sie leicht eindickt und an einem Teigspatel kleben bleibt. Nicht zum Kochen bringen.

SCHICHTTORTE MIT EISCREME UND COOKIE DOUGH

Die Mischung durch ein feines Sieb in die Schüssel im Eisbad passieren, dabei Vanilleschote und bei Bedarf Klümpchen entfernen. Gemahlene Vanille zugeben und rühren, bis die Masse erkaltet ist. Die Schüssel mit Frischhaltefolie abdecken. Die Folie dabei vorsichtig auf die Oberseite der Masse drücken, damit sich keine Haut bildet. Mindestens 3 Stunden oder über Nacht in den Kühlschrank stellen.

Den Backofen auf 180 °C (Ober-/Unterhitze) vorheizen. Die Springformen einfetten und mit Backpapier auslegen. Das Backpapier ebenfalls mit Butter bestreichen.

Für den Kuchen Mehl, Zucker, Kakaopulver, Natron, Backpulver und Salz in eine große Schüssel sieben. Milch, Öl, Kaffee, Ei und Vanille zugeben und alles gut vermengen. Den Teig gleichmäßig auf die beiden Formen verteilen und 14–16 Minuten im Ofen backen, bis an einem in die Mitte gesteckten Holzstäbchen kein Teig mehr haftet. Die Springformen auf Kuchengitter stellen und vollständig abkühlen lassen.

Mit einem Messer vorsichtig am Innenrand der Formen entlangfahren und die Kuchen auf das Kuchengitter stürzen. Wenn sie Zimmertemperatur erreicht haben, fest in Frischhaltefolie einwickeln und mindestens 3 Stunden tiefkühlen.

Die Eiscrememasse in einer Eismaschine nach Gebrauchsanweisung kühlen. Die Creme auf zwei TK-Behälter aufteilen und 1–2 Stunden gefrieren, bis das Eis leicht fest, aber noch streichfähig ist. Falls nötig, wieder leicht antauen lassen.

Einen der Kuchen aus dem Tiefkühler nehmen und gleichmäßig auf ca. 1 ½ cm Höhe schneiden. Zurück in eine der Springformen legen und während der Zubereitung des Cookie Doughs wieder einfrieren.

Butter und beide Zuckersorten mit dem Mixer bei mittlerer Stufe in einer großen Schüssel 2–3 Minuten schaumig schlagen. Salz, Vanille und Milch zugeben und gut vermengen. Mehl nach und nach zufügen und vollständig einrühren. Die Schokotröpfchen unterheben.

Die Springform aus dem Tiefkühler nehmen und zügig erst die Hälfte des Cookie Dough auf dem Kuchen verstreichen, dann die Hälfte der Eiscreme. Wieder tiefkühlen und den zweiten Kuchen zuschneiden. Diesen auf die Eiscreme setzen, restlichen Cookie Dough obenauf verstreichen und mit einer letzten Schicht Eiscreme abschließen. Mindestens 3–4 Stunden oder über Nacht gefrieren. Soll der Kuchen länger als 24 Stunden aufbewahrt werden, mit Alufolie abdecken, damit er keinen Gefrierbrand bekommt.

Die Schichttorte vor dem Servieren vorsichtig aus der Springform nehmen. Er lässt sich leicht mit einem langen, scharfen Messer schneiden, das man vorher in heißem Wasser 30 Sekunden erwärmt hat.

TIPPS:

Spült die gebrauchten Vanilleschoten ab und legt sie in einen Behälter mit etwas Zucker. Nach 1–2 Wochen habt ihr köstlichen Vanillezucker.
Damit der Kuchen nicht schmilzt, müsst ihr zügig arbeiten und jede Schicht lange genug kühlen. Die Form zwischendurch immer wieder in den Tiefkühler stellen.

KEINE ZEIT?

Backt einfach zwei dünne Schichten eures Lieblingsschokokuchens. Lasst knapp 1 l Vanilleeis weich werden und tragt es abwechselnd mit Cookie Dough auf.

EISCREME-SANDWICHES MIT COOKIE DOUGH

Diese knackige Leckerei für den Sommer führt das klassische Eiscreme-Sandwich in eine neue Dimension – und zwar mit Cookie Dough! Außen fest, innen mit Biss und einem Hauch von Salz, der das Aroma der Schokolade noch verstärkt.

ERGIBT: 9 Sandwiches   ZUBEREITUNGSZEIT: 35 Minuten   GESAMTZEIT: 12–24 Stunden

FÜR DIE FÜLLUNG:
ca. 1 l Eiscreme mit Chocolate Chip Cookie Dough (S. 85)

FÜR DIE COOKIES:
100 g ungehärtetes Pflanzenfett
200 g brauner Vollrohrzucker
½ TL Backpulver
½ TL Salz

60 g Kakaopulver, gesiebt
½ TL Instant-Espressopulver
Mark von ¼ Vanilleschote, alternativ 1 Msp. gemahlene Vanille
250 g Weizenmehl, plus mehr zum Arbeiten

BESONDERES ZUBEHÖR:
quadratische Back- oder Auflaufform (23 × 23 cm)

Den Boden und die Seiten der Form so mit Backpapier auslegen (siehe S. 42).

Die Eiscreme nach Rezept (siehe S. 85) zubereiten. Gleich nach dem Unterheben des Cookie Doughs die Eiscreme in der Form verstreichen. Über Nacht im Tiefkühler fest werden lassen.

Für die Cookies Pflanzenfett und Vollrohrzucker in einer großen Rührschüssel 2–3 Minuten mit dem Mixer vermengen. Backpulver, Salz, Kakao- und Espressopulver sowie Vanille zugeben und unterrühren. Die Hälfte des Mehls einarbeiten, dann 2 EL Wasser; anschließend den Rest des Mehls und noch einmal 2 EL Wasser. Zu einem weichen, elastischen Teig verrühren, der nicht mehr klebrig ist. Falls nötig, noch etwas Wasser zugeben.

Auf einer leicht bemehlten Arbeitsfläche die Hälfte des Teigs 2 ½ cm dick ausrollen. Mit einem Lineal und einem scharfen Messer in Quadrate zu etwa 7 cm schneiden. Oder mit einem Plätzchenausstecher geriffelte oder runde Cookies ausstechen.

Die Kekse auf ein mit Backpapier ausgelegtes Backblech legen. Mit einem Holzstäbchen zur Deko ein Lochmuster in die Cookies stechen. Den restlichen Teig ebenso ausrollen und ausstechen, Verschnitt wieder unterarbeiten. Die Masse sollte für 18 Cookies ausreichen. Die Kekse auf den Blechen vor dem Backen 10 Minuten tiefkühlen. Inzwischen den Backofen auf 180 °C (Ober-/Unterhitze) vorheizen.

Die Kekse 7–8 Minuten im Ofen backen, bis die Oberflächen matt und die Cookies allmählich fest werden. Nicht zu lange backen.

Herausnehmen und 2–3 Minuten abkühlen, dann die Cookies auf ein Kuchengitter legen und vollständig erkalten lassen. Bis zur Verwendung in den Kühlschrank oder Tiefkühler stellen.

Zum Fertigstellen das feste Eis mithilfe des Backpapiers aus der Form heben. Auf einem Schneidebrett entsprechend der Cookieform in 9 gleichmäßige Quadrate schneiden oder mit der Ausstechform Eisstücke ausstechen. Die Stücke jeweils zwischen zwei gekühlte Cookies legen und leicht zusammendrücken. Bis zum Servieren tiefkühlen.

COOKIE DOUGH DESSERTSAUCE

Schokosauce ist ein beliebtes Topping für Eisbecher. Doch wieso gibt es kaum etwas mit Vanillegeschmack? Diese Dessertsauce schmeckt wie flüssiger Cookie Dough. Mit einer Kirsche dekoriert, bringt sie Abwechslung in jeden Eisbecher.

ERGIBT: **ca. 300 ml**   GESAMTZEIT: **25 Minuten**

80 g brauner Vollrohrzucker
60 g Butter
120 g Konditorsahne (mind. 35 % Fett)
2 EL Golden Syrup, alternativ heller
   Zuckerrübensirup

1 Prise Salz
Mark von ½ Vanilleschote, alternativ
   ¼ TL gemahlene Vanille

Vollrohrzucker, Butter, Konditorsahne, Sirup und Salz in einem mittelgroßen Topf unter Rühren bei mittlerer Temperatur erhitzen, bis sich der Zucker aufgelöst hat und die Masse leicht köchelt. Hitze reduzieren und 3–5 Minuten unter gelegentlichem Rühren eindicken lassen.

Vom Herd nehmen und die Vanille zufügen. Lauwarm abkühlen lassen. Sofort verwenden oder in einem luftdichten Behälter bis zu 1 Monat im Kühlschrank aufbewahren. Dann vor dem Verwenden kurz in der Mikrowelle verflüssigen.

TIPP:

Golden Syrup kommt aus Großbritannien: Ihr könnt ihn online bestellen, aber er ist meist auch in großen Supermärkten oder im Fachhandel erhältlich. Er wird aus Zuckerrohr gewonnen. Als Alternative könnt ihr auch hellen Zuckerrübensirup verwenden.

BANANA SPLIT:

Warum kombiniert ihr nicht einfach drei Sorten Cookie Dough Eiscreme zu einem köstlichen und wahrhaft umwerfenden Dessert? Einfach eine Banane der Länge nach halbieren und mit je einer Kugel der drei Cookie Dough Eiscremesorten krönen. Mit Schlagsahne, Cookie Dough Sauce, Schokosauce, weißen und dunklen Schokotröptchen und einer Kirsche garnieren. Was für ein Banana Split!

COOKIE DOUGH MILCHSHAKES

Eine Neuinterpretation des klassischen Milchshakes. Ersetzt einfach das übliche Vanilleeis durch Cookie Dough Eiscreme und schon habt ihr ohne großen Aufwand eine besondere Köstlichkeit. Dieses schlichte Rezept enthält nur zwei Zutaten und dauert nur drei Minuten.

ERGIBT: **2 Milchshakes**   GESAMTZEIT: **3 Minuten**

60 ml Vollmilch, plus mehr nach Belieben

3 große Kugeln Cookie Dough Eiscreme (siehe S. 85), plus mehr nach Belieben

Beide Zutaten in einem Mixer abgedeckt 20–30 Sekunden cremig rühren. Mehr Milch oder Eis zugeben, um die richtige Konsistenz zu erreichen. In zwei geeiste Gläser füllen und servieren.

TIPP:
Ihr könnt für weitere Variationen noch 1–2 EL Kakaopulver oder Ovomaltine zugeben.

NUR FÜR ERWACHSENE:

Für einen Milchshake mit Schuss ergänzt 120 ml Bourbon, Irish Cream oder einen anderen Lieblingslikör.

STIELEIS MIT UNSICHTBAREM COOKIE DOUGH

Das Lustige an diesem Stieleis: Es enthält gar keinen Cookie Dough. Trotzdem schmeckt es beim Schlecken wegen des Vollrohrzuckers und der Vanille nach dem süßen Keksteig. Ist unsichtbarer Cookie Dough also besser als richtiger? Entscheidet selbst.

ERGIBT: **4 Eis am Stiel**   ZUBEREITUNGSZEIT: **5 Minuten**   GESAMTZEIT: **3 Stunden**

300 ml Milch (fettarm oder Vollmilch)
50 g brauner Vollrohrzucker
1 Prise Salz
Mark von ½ Vanilleschote, alternativ
    ¼ TL gemahlene Vanille
2 EL Zartbitter-Schokotröpfchen

BESONDERES ZUBEHÖR:
4 Stieleisformen oder kleine Pappbecher
4 Eisstiele aus Holz

Die Milch in einem Topf handwarm erhitzen. Vollrohrzucker und Salz zugeben und umrühren, bis sich alles aufgelöst hat. Vanille zufügen.

Je ½ EL Schokotröpfchen in die Stieleisformen füllen. Mit der Milchmischung aufgießen. Stiele hineinstecken und das Eis mindestens 3 Stunden im Tiefkühler gefrieren lassen.

Vor dem Servieren die Formen 20–30 Sekunden unter warmes Wasser halten, damit sich das Eis löst. Bei Pappbechern einfach die Pappe ablösen und wegwerfen.

SCHIEFE STÄBCHEN?

Falls eure Stieleisformen keine integrierten Stäbchen oder Deckel mit Stäbchenhalterung haben, stehen die Stiele manchmal schief und krumm. Um das zu verhindern, spannt Frischhaltefolie oben über die Formen und fixiert sie mit einem Gummiband. In die Mitte der Folie einen kleinen Schlitz schneiden und die Stiele hindurchstecken. Falls nötig, die Stiele nach 45 Minuten im Tiefkühler gerade richten, wenn die Masse noch nicht hart geworden ist.

FRÜHSTÜCK FÜR GENIESSER

Das Frühstück ist die wichtigste Mahlzeit des Tages – ob in der Früh, am Nachmittag oder mitten in der Nacht. Die folgenden Rezepte sind absolut keine herzhafte Angelegenheit. Dazu sind schließlich Mittag- und Abendessen da.

HAFERFLOCKEN-PANCAKES MIT COOKIE DOUGH

Chocolate Chip Pancakes sind allseits bekannt. Aber wie wäre es mal mit Pancakes mit Chocolate Chip Cookie Dough? Diese luftig leichten Pfannkuchen aus Haferflocken und Buttermilch schmecken pur schon ausgesprochen gut. Mit einem Klecks Cookie Dough sind sie einfach himmlisch.

ERGIBT: 8–10 Pancakes   **ZUBEREITUNGSZEIT:** 25 Minuten   **GESAMTZEIT:** 1–13 Stunden

FÜR DEN COOKIE DOUGH:

60 g weiche Butter
2 EL Zucker
40 g brauner Vollrohrzucker
1 EL Milch oder Sahne
Mark von ¼ Vanilleschote, alternativ
    1 Msp. gemahlene Vanille
60 g Weizenmehl
1 Prise Salz
40 g Zartbitter-Schokotröpfchen

FÜR DIE PANCAKES:

100 g kernige Haferflocken
60 g Weizenmehl
1 EL brauner Vollrohrzucker
½ TL Natron
½ TL Backpulver
1 Prise Salz
250 ml Buttermilch
1 Ei, leicht verquirlt
2 EL Butter, zerlassen, plus mehr zum
    Ausbacken
Mark von ¼ Vanilleschote, alternativ
    1 Msp. gemahlene Vanille

Für den Cookie Dough Butter und beide Zuckersorten mit dem Mixer bei mittlerer Stufe in einer großen Schüssel 2–3 Minuten schaumig schlagen. Milch und Vanille zugeben und vermengen. Mehl und Salz zufügen und einrühren. Die Schokotröpfchen unterheben. Bis zur Verwendung kalt stellen.

Für die Pancakes die Hälfte der Haferflocken in einer Küchenmaschine 8–10 Sekunden grob mahlen. Mit restlichen Haferflocken, Mehl, Vollrohrzucker, Natron, Backpulver und Salz in einer großen Schüssel gründlich vermengen. Buttermilch, Ei, zerlassene Butter und Vanille zufügen und gut verrühren. Zum Aufquellen mindestens 30 Minuten oder über Nacht in den Kühlschrank stellen.

Bei mittlerer bis hoher Temperatur eine große beschichtete Pfanne erhitzen. Ein Stückchen Butter darin gleichmäßig zerlassen, bis sie schäumt.

TIPP:

Als Buttermilchersatz könnt ihr 250 ml Vollmilch mit 1 EL frisch gepresstem Zitronensaft verquirlen. Einfach 5 Minuten ruhen lassen, bis die Milch stockt.

HAFERFLOCKEN-PANCAKES MIT COOKIE DOUGH

Mit einem Schöpflöffel portionsweise je nach Pfannengröße Pancake-Teig in die Pfanne gießen und mit einem Teigspatel vorsichtig zu gleichmäßigen Kreisen verstreichen. 5–6 murmelgroße Kleckse Cookie Dough auf jedem Pancake platzieren. Die Pancakes 2–3 Minuten backen, bis die Unterseite goldbraun ist und sich auf der Oberseite Blasen bilden. Wenden und auch die andere Seite 2 Minuten bräunen. Die Hitze reduzieren, falls die Pancakes zu schnell bräunen, damit sie innen nicht roh bleiben.

Nach Belieben mit Zimt-Sahne-Sirup (siehe rechts) beträufeln. Die Pancakes sofort servieren oder bis zum Servieren in den warmen Backofen stellen.

TIPP:
Übrig gebliebene Pancakes sind in Beuteln mit Zippverschluss eingefroren bis zu 1 Monat haltbar. Einfach bei 180 °C ein paar Minuten im Backofen erwärmen und sofort servieren.

WEITERE VARIANTEN

Sogar ich weiß, dass man nicht jeden Morgen Cookie Dough essen sollte. Wenn ihr statt Cookie Dough TK-Blaubeeren nehmt, habt ihr ein beeriges Frühstück.

ZIMT-SAHNE-SIRUP:

Eine köstliche Sauce aus einem Pancake House hat mich zu diesem zimtigen Sahnesirup inspiriert. Perfekt für Pancakes, aber auch für French Toast (siehe S. 111), Crêpes (siehe S. 113) und Waffeln (siehe S. 123).

♥ Folgende Zutaten in einer mikrowellengeeigneten Schüssel vermengen:
120 ml gesüßte Kondensmilch,
2 EL Konditorsahne,
½ TL gemahlener Zimt, Mark von ¼ Vanilleschote, alternativ 1 Msp. gemahlene Vanille,
1 EL Ahornsirup.

♥ Auf hoher Stufe 30 Sekunden in der Mikrowelle erhitzen und umrühren, bis der Sirup homogen ist. Ergibt ca. 150 ml.

FRENCH TOAST MIT COOKIE DOUGH FÜLLUNG

Offenbar habe ich ein Händchen dafür, dekadente Leckerbissen noch sündiger zu machen. Dieser French Toast (in Deutschland auch als Armer Ritter bekannt) mit Cookie Dough ist das beste Beispiel.

ERGIBT: **6 Portionen**   GESAMTZEIT: **45 Minuten**

FÜR DEN COOKIE DOUGH:
120 g weiche Butter
50 g Zucker
80 g brauner Vollrohrzucker
2 EL Milch oder Sahne
Mark von ½ Vanilleschote, alternativ
    ¼ TL gemahlene Vanille
80 g Weizenmehl
1 Prise Salz
50 g Zartbitter-Schokotröpfchen

FÜR DEN FRENCH TOAST:
1 Laib Brioche (ca. 500 g) oder
    Stangenweißbrot
3 Eier
180 ml Vollmilch
Mark von ½ Vanilleschote, alternativ
    ¼ TL gemahlene Vanille
1 Prise Salz
Butter zum Ausbacken

AUSSERDEM:
Puderzucker zum Bestäuben

Für die Cookie Dough Füllung Butter und beide Zuckersorten mit dem Mixer bei mittlerer Stufe in einer großen Schüssel 2–3 Minuten schaumig schlagen. Milch und Vanille zugeben und vermengen. Mehl und Salz zufügen und bei niedriger Stufe einrühren. Die Schokotröpfchen unterheben.

Für den Toast das Brot in 4 cm dicke Scheiben schneiden. Mit einem Messer einen tiefen Schlitz seitlich in die Mitte einer jeden Scheibe schneiden, dabei einen Rand von ca. 2 ½ cm stehen lassen. Die so entstandene Brottasche vorsichtig aufziehen, mit 2 EL Cookie Dough füllen und wieder zusammendrücken.

Eier, Milch, Vanille und Salz in einer flachen Schale verquirlen. Kurz vor dem Ausbacken (damit sie sich nicht zu vollsaugen) die gefüllten Brotscheiben in der Eimischung wenden.

TIPP:
Die Brioche bereits am Vortag aufschneiden, damit die Scheiben etwas austrocknen können – altbackenes Brot eignet sich bestens für French Toast.

FRENCH TOAST MIT COOKIE DOUGH FÜLLUNG

Bei mittlerer bis hoher Temperatur 1 EL Butter in einer großen beschichteten Pfanne erhitzen. Sobald die Butter schäumt, die French Toasts 3 Minuten auf jeder Seite knusprig und goldbraun backen. Bei Bedarf mehr Butter zugeben.

Mit Puderzucker bestäuben und nach Belieben Zimt-Sahne-Sirup (siehe S. 109) dazureichen. Sofort servieren.

GUT GEFÜLLT:

Um den Cookie Dough in die Teigtasche zu füllen, benötigt ihr etwas Fingerspitzengefühl. Besonders bei weichem Weißbrot müsst ihr vorsichtig vorgehen. Zieht den Schlitz behutsam auf und füllt den Cookie Dough mit einem Buttermesser oder einem schmalen Teigspatel hinein.

CRÊPES MIT COOKIE DOUGH FÜLLUNG

Bei Crêpes kommt es auf Technik, Teig und ein lockeres Handgelenk an. Aber solange eure Crêpes mit buttrigem Chocolate Chip Cookie Dough gefüllt sind, interessiert es keinen, ob sie hübsch oder hässlich aussehen. Auf den Geschmack kommt es an

---

ERGIBT: **12–16 Crêpes**   ZUBEREITUNGSZEIT: **30 Minuten**   GESAMTZEIT: **2–14 Stunden**

FÜR DIE CRÊPES:

120 g Weizenmehl, plus mehr bei Bedarf
1 EL Zucker
1 Prise Salz
250 ml Vollmilch, plus mehr bei Bedarf
2 Eier
3 EL Butter, zerlassen und lauwarm abgekühlt,
    plus mehr zum Ausbacken
Mark von ¼ Vanilleschote, alternativ
    1 Msp. gemahlene Vanille

FÜR DEN COOKIE DOUGH:

60 g weiche Butter
2 EL Zucker
40 g brauner Vollrohrzucker
3 EL Milch oder Sahne
Mark von ¼ Vanilleschote, alternativ
    1 Msp. gemahlene Vanille
90 g Weizenmehl
1 Prise Salz

AUSSERDEM:

75 g Zartbitter-Schokotröpfchen zum
    Garnieren
Puderzucker zum Bestäuben
    (nach Belieben)

Für den Crêpeteig Mehl, Zucker, Salz, Milch, Eier, Butter, Vanille und 60 ml Wasser mit dem Mixer bei mittlerer Stufe 10–15 Sekunden zu einem glatten Teig mit der Konsistenz von Konditorsahne vermengen. Falls er zu dünnflüssig ist, mehr Mehl zufügen. Ist er zu dick, noch etwas Milch zugießen. Den Teig in eine Schüssel füllen, abdecken und mindestens 1 Stunde oder über Nacht in den Kühlschrank stellen.

Für die Cookie Dough Füllung Butter und beide Zuckersorten mit dem Mixer bei mittlerer Stufe in einer großen Schüssel 2–3 Minuten schaumig schlagen. Milch und Vanille zugeben und vermengen. Mehl und Salz unterrühren.

Eine kleine beschichtete Pfanne bei mittlerer Temperatur erhitzen und mit zerlassener Butter ausstreichen. 2–3 EL Crêpeteig in die Mitte der Pfanne geben, die Pfanne kippen und den Teig rundum gleichmäßig verteilen. Die Unterseite 1–2 Minuten goldbraun backen, dann mit einem großen, schmalen Teigspatel den Crêpe vorsichtig wenden und noch 1 Minute weiterbacken. Auf einem Servierteller oder Backblech beiseitelegen. Mit dem restlichen Teig ebenso verfahren.

CRÊPES MIT COOKIE DOUGH FÜLLUNG

Eine dünne Schicht Cookie Dough auf die lauwarmen Crêpes (bei heißen Crêpes schmilzt die Füllung) auftragen und mit Schokotröpfchen bestreuen. Die Crêpes zusammenrollen oder zu Vierteln falten und nach Belieben mit Puderzucker bestäubt servieren. In einem Gefrierbeutel sind die ungefüllten Crêpes im Kühlschrank bis zu 2 Tage, im Tiefkühler bis zu 2 Monate haltbar. Vor dem Füllen und Servieren wieder leicht erhitzen.

DIE PERFEKTE PFANNE:

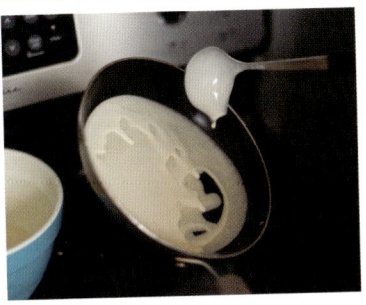

Am besten nimmt man für Crêpes eine Pfanne von guter Qualität mit Antihaftbeschichtung. Die Pfannengröße sollte der gewünschten Größe der Crêpes entsprechen. Ich verwende eine Pfanne mit einem Bodendurchmesser von 15 cm. Bei einer größeren Pfanne benötigt man pro Crêpe auch mehr Teig, da er immer bis an den Rand reichen sollte.

GEBACKENE DONUTS MIT COOKIE DOUGH FÜLLUNG

Diese Donuts sind zwar gebacken und nicht frittiert, dafür aber mit Cookie Dough gefüllt. Donuts zu backen ist einfacher als sie zu frittieren. Und diese hefehaltigen Häppchen schmecken trotz fehlendem Fettglanz unglaublich köstlich!

ERGIBT: 8–10 Donuts (plus Donut-Mittelstücke) ZUBEREITUNGSZEIT: 1 Stunde GESAMTZEIT: 3 Stunden

---

FÜR DIE DONUTS:
160 ml Vollmilch
60 g Butter, in Stücken
1 Pck. Trockenhefe
50 g Zucker
1 Ei, leicht verquirlt
Mark von ¼ Vanilleschote, alternativ
    1 Msp. gemahlene Vanille
1 Msp. Salz
360–400 g Weizenmehl, plus mehr
    bei Bedarf und zum Arbeiten
etwas Öl zum Fetten

FÜR DEN COOKIE DOUGH:
2 EL weiche Butter
1 EL Zucker
1 EL brauner Vollrohrzucker
1 EL Milch oder Sahne

Mark von ¼ Vanilleschote, alternativ
    1 Msp. gemahlene Vanille
30 g Weizenmehl
1 Prise Salz
2 EL Zartbitter-Schokotröpfchen

FÜR DIE GLASUR:
60 g Konditorsahne (mind. 35 % Fett)
1 EL brauner Vollrohrzucker
1 EL Butter
Mark von ¼ Vanilleschote, alternativ
    1 Msp. gemahlene Vanille
150 g Puderzucker, plus mehr bei Bedarf

BESONDERES ZUBEHÖR:
Donut-Ausstecher (ca. 6 ½ cm Ø) oder runde
    Ausstecher (Außenmaß ca. 6 ½ cm Ø,
    Innenmaß ca. 3–4 cm Ø), plus runden
    Ausstecher (ca. 4–5 cm Ø)

Für die Donuts Milch und Butter in einem kleinen Topf bei mittlerer bis niedriger Temperatur erhitzen, bis die Butter fast geschmolzen ist. Vom Herd nehmen und glatt rühren. In eine große Schüssel füllen und lauwarm (ca. 35–40 °C) abkühlen lassen. Die Hefe in eine kleine Schüssel mit 60 ml lauwarmem Wasser streuen und 5 Minuten gehen lassen.

Die Hefe- zur Milchmischung geben, Zucker, Ei, Vanille und Salz zufügen und verquirlen. Das Mehl nach und nach mit einem Löffel oder dem Mixer mit Flachrührer-Aufsatz gut unterrühren. Mit dem Knethaken die Mischung 3–4 Minuten zu einem glatten, elastischen Teig verarbeiten.

TIPP:
Wenn die Hefe keine Blasen wirft, ist sie unbrauchbar.
Besser ein neues Päckchen verwenden.

GEBACKENE DONUTS MIT COOKIE DOUGH FÜLLUNG

Falls der Teig zu klebrig ist, esslöffelweise mehr Mehl zufügen, bis er sich vom Schüsselrand löst. Nicht zu viel zugeben, da Donut-Teig leicht feucht sein soll. Den Teig abgedeckt in einer großen, leicht eingeölten Schüssel an einem warmen Ort ca. 1 Stunde gehen lassen, bis er sein Volumen verdoppelt hat.

Den gegangenen Hefeteig abschlagen und auf einer leicht bemehlten Arbeitsfläche 1 ½ cm dick ausrollen. Teigringe ausstechen und im Abstand von je 5 cm auf ein mit Backpapier ausgelegtes Backblech legen.

Einen Teil des restlichen Teigs sehr dünn ausrollen. Kreise ausstechen, die etwas größer als die Löcher der Donuts sind, und vorsichtig unter die ausgestochenen Donuts schieben, sodass sie unter den Löchern einen dünnen Boden bilden. Den restlichen Teig (je nach Menge) nochmals zu Donuts ausstechen oder als unregelmäßige Häppchen backen. Diese Teigstücke auf einem zweiten Backblech verteilen. Beide Backbleche leicht mit Frischhaltefolie oder einem Küchentuch abdecken und den Teig 30 Minuten an einem warmen Ort aufgehen lassen. Er sollte sein Volumen in etwa verdoppeln.

Den Backofen auf 180 °C (Ober-/Unterhitze) vorheizen. Die Donuts 8–10 Minuten backen, bis die Unterseite goldbraun ist. Zum Abkühlen auf ein Kuchengitter legen.

Für den Cookie Dough Butter und beide Zuckersorten mit dem Mixer bei mittlerer Stufe in einer Schüssel 2–3 Minuten schaumig schlagen. Milch und Vanille zugeben und vermengen. Mehl und Salz einrühren. Die Schokotröpfchen unterheben.

TIPP:

Wenn ihr statt einem Donut-Ausstecher zwei runde Ausstecher verwendet, solltet ihr die großen Teigkreise zuerst auf das Backblech legen und dann das Loch ausstechen. So bleiben sie schön rund.

GEBACKENE DONUTS MIT COOKIE DOUGH FÜLLUNG

Für die Glasur Konditorsahne, Vollrohrzucker und Butter in einem kleinen Topf bei mittlerer Temperatur erhitzen, bis die Butter geschmolzen und der Zucker aufgelöst ist. Vom Herd nehmen und die Vanille unterrühren. Den Puderzucker in den Topf sieben (das Sieben nicht auslassen, da sonst die Glasur bröckelig wird) und gründlich vermengen. Falls die Glasur zu flüssig ist, esslöffelweise mehr Puderzucker hineinsieben, bis die gewünschte Konsistenz erreicht ist. Sie sollte an den Donuts haften, aber nicht so fest wie ein Frosting sein.

Die Oberseiten der abgekühlten Donuts in die Glasur tauchen und mit der feuchten Seite nach oben auf ein Kuchengitter legen. Jeweils einen teelöffelgroßen Klecks Cookie Dough in das Loch füllen und sofort servieren. Die Donuts schmecken am besten, wenn man sie noch am selben Tag verputzt.

BEREIT ZUM FÜLLEN:

Diese einzigartigen gefüllten Donuts sind nicht schwieriger als normale Donuts. Rollt einfach ein Stück Teigrest dünn aus und schiebt es unter das Loch. Es backt im Ofen mit dem Donut zusammen und bildet so die perfekte Grundlage für die Cookie Dough Füllung.

ZIMTSCHNECKEN MIT COOKIE DOUGH FÜLLUNG

Zum Aufwachen gibt es nichts Besseres als mit Cookie Dough gefüllte Zimtschnecken. Das Rezept lässt sich am Vorabend vorbereiten. Die Schnecken sofort nach dem Aufstehen an einen warmen Platz stellen. Schon nach 1 Stunde habt ihr frische Zimtschnecken mit karamellisiertem Zimtzucker und Chocolate Chip Cookie Dough.

ERGIBT: 12 Schnecken   **ZUBEREITUNGSZEIT:** 45 Minuten   **GESAMTZEIT:** 3 Stunden

FÜR DIE SCHNECKEN:
180 ml Vollmilch
80 g Butter, in Stücken
1 Pck. Trockenhefe
70 g Zucker
1 Ei, leicht verquirlt
½ TL Salz
360 g Weizenmehl, plus mehr
    bei Bedarf und zum Arbeiten
etwas Öl zum Fetten

FÜR DIE FÜLLUNG:
120 g brauner Vollrohrzucker
2 TL gemahlener Zimt
60 g Butter, plus 2 EL zum Bestreichen
2 EL Zucker
1 EL Milch oder Sahne

Mark von ¼ Vanilleschote, alternativ
    1 Msp. gemahlene Vanille
90 g Weizenmehl
1 Prise Salz
75 g Zartbitter-Schokotröpfchen

FÜR DIE GLASUR:
60 g Konditorsahne (mind. 35 % Fett)
40 g brauner Vollrohrzucker
1 EL Butter
120 g Puderzucker, plus mehr nach Belieben
Mark von ¼ Vanilleschote, alternativ
    1 Msp. gemahlene Vanille

BESONDERES ZUBEHÖR:
Brat- oder Auflaufform (ca. 35 × 20 cm)

Für die Schnecken Milch und Butter in einem kleinen Topf bei mittlerer bis niedriger Temperatur erhitzen, bis die Butter fast geschmolzen ist. Vom Herd nehmen und glatt rühren. In eine große Schüssel gießen und lauwarm abkühlen lassen. Die Hefe in eine kleine Schüssel mit 60 ml lauwarmem Wasser streuen und 5 Minuten gehen lassen.

Die Hefe- zur Milchmischung geben, Zucker, Ei und Salz zufügen und verquirlen. Das Mehl nach und nach mit einem Kochlöffel oder dem Flachrührer-Aufsatz des Mixers unterrühren. Dann den Teig mit dem Knethaken 3–4 Minuten kneten. Falls er zu klebrig ist, esslöffelweise mehr Mehl zufügen, bis sich der Teig vom Schüsselrand löst.

Den Teig auf einer leicht bemehlten Arbeitsfläche 5–7 Minuten zu einem glatten, elastischen Teig kneten, dann abgedeckt in einer großen, leicht geölten Schüssel an einem warmen Ort ca. 1–2 Stunden gehen lassen, bis er sein Volumen verdoppelt hat.

ZIMTSCHNECKEN MIT COOKIE DOUGH FÜLLUNG

Für die Füllung 80 g Vollrohrzucker und Zimt in einer kleinen Schüssel vermengen und beiseitestellen.

Butter, Zucker und restlichen Vollrohrzucker in einer großen Schüssel mit dem Mixer bei mittlerer Stufe 2–3 Minuten schaumig schlagen. Milch und Vanille zugeben und vermengen. Mehl und Salz einrühren. Die Schokotröpfchen unterheben. Bis zur Verwendung im Kühlschrank aufbewahren.

Den gegangenen Hefeteig abschlagen und auf einer bemehlten Arbeitsfläche zu einem ca. 35 × 45 cm großen Rechteck ausrollen. 2 EL Butter in einem kleinen Topf zerlassen und die Teigoberfläche damit bestreichen. Gleichmäßig mit der Zucker-Zimt-Mischung bestreuen. Den Cookie Dough in Stückchen zupfen, flach drücken und auf dem Teig verteilen. Dabei an einer Längsseite einen Rand von ca. 1 ½ cm freilassen. An der anderen Längsseite beginnend den Teig aufrollen. Die Ränder zum Versiegeln zusammendrücken. Die Rolle mit einem geriffelten Messer in 3 cm breite Stücke schneiden. Die Schnecken mit etwas Abstand in der Form verteilen. Mit Frischhaltefolie abdecken und an einem warmen Ort 30–45 Minuten gehen lassen.

Den Backofen auf 180 °C (Ober-/Unterhitze) vorheizen. Die Schnecken 20–25 Minuten goldbraun backen. Herausnehmen und 10–15 Minuten abkühlen lassen.

Für die Glasur Konditorsahne, Vollrohrzucker und Butter in einem kleinen Topf bei mittlerer Temperatur erhitzen. Umrühren, bis sich der Zucker aufgelöst hat und die Butter geschmolzen ist. Vom Herd nehmen, Puderzucker hineinsieben und Vanille unterrühren. Die warmen Schnecken mit der Glasur beträufeln und sofort servieren.

TIPPS:

Die ungebackenen Schnecken können in der Form abgedeckt über Nacht im Kühlschrank aufbewahrt werden. Am nächsten Morgen zum Aufgehen 45 Minuten an einen warmen Ort stellen und anschließend backen.
Gebackene Schnecken sind ohne Glasur abgedeckt 2–3 Tage im Kühlschrank haltbar. Im Backofen oder in der Mikrowelle aufwärmen und vor dem Servieren glasieren.

BELGISCHE COOKIE DOUGH WAFFELN MIT SCHOKOSAHNE

Gute Waffeln sind allseits beliebt. Die wenigen Skeptiker werden ihre Zweifel nach einem Bissen von diesen außen knusprigen, innen weichen und luftigen Cookie Dough Waffeln, gekrönt mit dekadenter Schokoschlagsahne, schnell vergessen.

ERGIBT: **8 Waffeln**   GESAMTZEIT: **30 Minuten**

FÜR DEN COOKIE DOUGH:
60 g weiche Butter
2 EL Zucker
40 g brauner Vollrohrzucker
1 EL Milch oder Sahne
Mark von ¼ Vanilleschote, alternativ
    1 Msp. gemahlene Vanille
60 g Weizenmehl
1 Prise Salz
40 g Zartbitter-Schokotröpfchen

FÜR DIE WAFFELN:
250 g Weizenmehl
2 TL Backpulver
1 TL Natron
1 Msp. Salz
2 Eier

500 ml Buttermilch
120 g Butter, zerlassen und lauwarm
    abgekühlt
50 g Zucker
Mark von ½ Vanilleschote, alternativ
    ¼ TL gemahlene Vanille

FÜR DIE SCHOKOSAHNE:
30 g Puderzucker
2 EL Kakaopulver
150 g kalte Konditorsahne (mind. 35 % Fett)

BESONDERES ZUBEHÖR:
Belgisches Waffeleisen
Kochspray oder Pflanzenöl für das Eisen
Spritzbeutel (nach Belieben)

Für den Cookie Dough Butter und beide Zuckersorten mit dem Mixer bei mittlerer Stufe in einer großen Schüssel 2–3 Minuten locker und schaumig schlagen. Milch und Vanille zugeben und vermengen. Mehl und Salz zufügen und gut einrühren. Die Schokotröpfchen unterheben. Bis zur Verwendung im Kühlschrank aufbewahren.

Für die Waffeln Mehl, Backpulver, Natron und Salz mischen. Die Eier mit Buttermilch, zerlassener Butter, Zucker und Vanille verquirlen. Trockene Zutaten zufügen und alles gründlich vermengen.

Den Cookie Dough zu murmelgroßen Kugeln formen.

Das Waffeleisen vorheizen und leicht mit Kochspray einsprühen oder mit Pflanzenöl einpinseln. Etwa eine Kelle Teig in das Waffeleisen füllen und schnell 6–7 Cookie Dough Kugeln obenauf legen. Den Deckel schließen und die Waffel gemäß Gebrauchsanweisung des Geräteherstellers goldbraun backen. Mit dem restlichen Teig ebenso verfahren.

BELGISCHE COOKIE DOUGH WAFFELN MIT SCHOKOSAHNE

Für die Schokosahne Puderzucker, Kakaopulver und 2 EL der Konditorsahne in einer großen Schüssel mit dem Mixer gut vermengen. Nach und nach die restliche Sahne zugießen und schlagen, bis die Sahne steife Spitzen bildet. Die Schokosahne über die warmen Waffeln löffeln oder nach Belieben mit einem Spritzbeutel dekorativ daraufsetzen und sofort servieren.

Übrig gebliebene Waffeln sind in einem Beutel mit Zippverschluss tiefgekühlt bis zu 1 Monat haltbar. Im Backofen oder einem Toastofen (nicht einem normalen Toaster!) wieder knusprig erhitzen.

TIPP:

Falls ihr kein Belgisches Waffeleisen habt, könnt ihr auch ein normales verwenden. Ihr müsst dann nur die Teigmenge anpassen, da ihr für ein normales Waffeleisen weniger Teig pro Waffel benötigt. Dieses Rezept ergibt ca. 12 Waffeln in Standardgröße.

SCHLAG ZU: AROMATISIERTE SCHLAGSAHNE

Schlagsahne eignet sich hervorragend als Topping. Aromatisierte Sahne mit köstlichem Überraschungseffekt verleiht Desserts oder Frühstücken einen extra Geschmackskick. Traut euch!

💗 **GRUNDREZEPT SCHLAGSAHNE**
250 g kalte Konditorsahne
   (mind. 35 % Fett)
50 g Zucker (oder nach Belieben)

Konditorsahne und Zucker mit dem Mixer schlagen, bis sich weiche Spitzen bilden. Achtet darauf, dass ihr die Sahne nicht zu lange schlagt, sonst habt ihr am Ende Butter. Die geschlagene Sahne sofort verwenden.

💗 **Vanille**
Vor dem Schlagen Mark von ½ Vanilleschote oder ¼ TL gemahlene Vanille zugeben.

💗 **Andere Aromen**
Vor dem Schlagen ½ TL Aroma (wie z. B. Mandel, Minze oder Anis) zugeben.

💗 **Ahornsirup**
Vor dem Schlagen 1 EL Ahornsirup zugeben.

💗 **Whiskey**
Vor dem Schlagen 1 EL Whiskey zugeben.

💗 **Beschwipst**
Wenn ich's mir recht überlege: Vor dem Schlagen 1 EL IRGENDEINER Spirituose zugeben.

💗 **Beschwingt**
Vor dem Schlagen 1 TL Instant-Espressopulver zugeben.

💗 **Ingwer**
Vor dem Schlagen ½ TL gemahlenen Ingwer zugeben. Die geschlagene Sahne mit 30 g fein gehacktem kandierten Ingwer (mehr oder weniger nach Belieben) verfeinern. Vorsichtig unterheben.

💗 **Zitrone**
Vor dem Schlagen 1 EL Zitronensaft und 1 TL feinen Abrieb von 1 Bio-Zitrone zugeben.

COOKIE DOUGH MÜSLIRIEGEL MIT HAFERFLOCKEN UND ROSINEN

Zugegeben: Müsliriegel sind nicht besonders glamourös. Aber diese Granola-Variante ist etwas Besonderes: Eine Mischung aus gerösteten Haferflocken, Nüssen und Kokosraspeln, umhüllt von Vollrohrzucker mit Honig. Dazwischen schmiegt sich nussiger Cookie Dough mit Haferflocken und Rosinen.

ERGIBT: **10 Riegel**   ZUBEREITUNGSZEIT: **35 Minuten**   GESAMTZEIT: **3 Stunden**

FÜR DAS KNUSPERMÜSLI:
200 g kernige Haferflocken
80 g gemischte Nusskerne (z. B. Pekan- und
    Walnüsse, Mandeln etc.), grob gehackt
30 g Kokosraspel
60 g Butter, in Stücken
50 g brauner Vollrohrzucker
100 g Honig

FÜR DEN COOKIE DOUGH:
60 g weiche Butter
2 EL Zucker
40 g brauner Vollrohrzucker

1 EL Milch oder Sahne
Mark von ¼ Vanilleschote, alternativ
    1 Msp. gemahlene Vanille
50 g kernige Haferflocken
60 g Weizenmehl
1 Prise Salz
1 Msp. gemahlener Zimt (nach Belieben)
70 g Rosinen

BESONDERES ZUBEHÖR:
quadratische Back- oder Auflaufform
    (20 × 20 cm)

Den Backofen auf 180 °C (Ober-/Unterhitze) vorheizen. Den Boden und die Seiten der Form so mit Backpapier auslegen, dass auf zwei Seiten etwas Rand übersteht (siehe S. 42).

Für das Knuspermüsli Haferflocken, Nusskerne und Kokosraspel vermengen und auf einem großen Backblech mit Rand verteilen. Etwa 8–10 Minuten im Ofen rösten, bis Haferflocken und Kokosraspel leicht bräunen. Zwischendurch einmal durchmischen. Leicht abkühlen lassen, dann in eine Schüssel füllen.

Butter, Vollrohrzucker und Honig in einem kleinen Topf bei mittlerer Temperatur zum Kochen bringen und unter gelegentlichem Rühren köcheln, bis die Butter geschmolzen und der Zucker aufgelöst ist. Über die Haferflockenmischung gießen und gut vermengen. Das Knuspermüsli unter gelegentlichem Rühren lauwarm abkühlen lassen.

COOKIE DOUGH MÜSLIRIEGEL MIT HAFERFLOCKEN UND ROSINEN

Inzwischen für den Cookie Dough Butter und beide Zuckersorten mit dem Mixer bei mittlerer Stufe in einer großen Schüssel 2–3 Minuten schaumig schlagen. Milch und Vanille zugeben und vermengen. Haferflocken, Mehl, Salz und Zimt (falls verwendet) zufügen und zu einem krümeligen Teig verarbeiten. Die Rosinen unterheben.

Die Hälfte des Knuspermüslis in die Backform füllen und so fest wie möglich andrücken. Mit der Hälfte des Cookie Doughs bestreuen und zu einer festen Schicht pressen. Mit restlichem Knuspermüsli und Cookie Dough ebenso verfahren. Erneut so fest wie möglich anpressen.

Mindestens 2 Stunden im Kühlschrank aushärten lassen. Den großen Riegel mithilfe der überstehenden Backpapierränder aus der Form heben. Ein paar Minuten bei Zimmertemperatur weich werden lassen, dann auf einem Schneidebrett in 10 gleich große Riegel schneiden. In einem luftdichten Behälter zwischen Backpapier sind die Knuspermüsliriegel im Kühlschrank bis zu 1 Woche haltbar. Vor dem Servieren einige Minuten bei Zimmertemperatur anwärmen lassen.

ROSINENHASSER?

Verstanden. Wenn ihr die schrumpligen Früchte nicht mögt, können sie euch im Handumdrehen einen guten Snack ruinieren. Aber legt dieses Rezept nicht gleich zur Seite, sondern verwendet statt Rosinen einfach Schokotröpfchen oder anderes Trockenobst.

WITZIGE SNACKS & PARTYFOOD

Manche Desserts sind ausgesprochen partytauglich. Diese mit Cookie Dough gefüllten Leckereien bilden da keine Ausnahme. Die allseits beliebten Köstlichkeiten sind leicht zuzubereiten und lassen sich je nach erwarteter Anzahl und Alter der Gäste variieren.

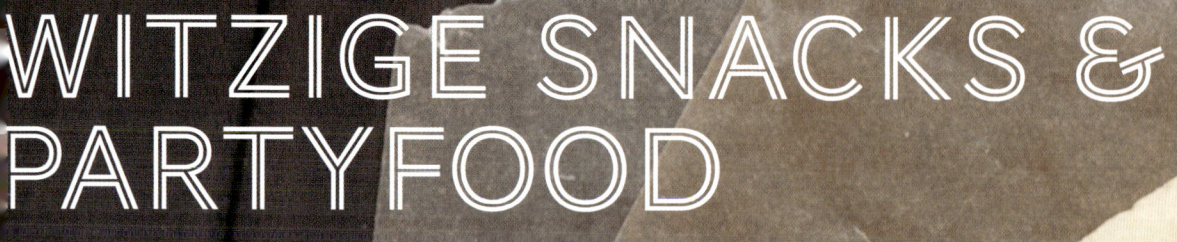

KNUSPERHÄPPCHEN MIT COOKIE DOUGH

Viele Erwachsene haben vergessen, dass sie als Kinder knusprige Köstlichkeiten wahrhaft magisch fanden. Aber den Erwachsenen schmeckt diese verrückte Klassikerversion mit Cookie Dough Wirbeln und Chocolate Chip Klecksen ebenso gut wie den Kids.

ERGIBT: 24 Häppchen   **GESAMTZEIT: 20 Minuten**

FÜR DEN COOKIE DOUGH:
80 g weiche Butter
50 g Zucker
80 g brauner Vollrohrzucker
60 ml Milch oder Sahne
Mark von ½ Vanilleschote, alternativ
    ¼ TL gemahlene Vanille
150 g Weizenmehl
1 Prise Salz
120 g Zartbitter-Schokotröpfchen

FÜR DIE KNUSPERHÄPPCHEN:
2 EL Butter, plus mehr für die Form
350 g (Mini-)Marshmallows
Mark von ¼ Vanilleschote, alternativ
    1 Msp. gemahlene Vanille
200 g gepuffter Reis oder anderes gepufftes
    Getreide (z. B. Dinkel, Quinoa)

BESONDERES ZUBEHÖR:
Back- oder Auflaufform (35 × 20 cm)

Für den Cookie Dough Butter und beide Zuckersorten mit dem Mixer bei mittlerer Stufe in einer großen Schüssel 2–3 Minuten schaumig schlagen. Milch und Vanille zugeben. Mehl und Salz zufügen und bei niedriger Stufe (oder von Hand) einrühren. Die Schokotröpfchen unterheben.

Für die Knusperhäppchen Butter und Marshmallows in einem großen Topf bei niedriger Temperatur unter gelegentlichem Rühren erhitzen, bis sie geschmolzen sind. Vom Herd nehmen und Vanille zugeben. Den Puffreis vorsichtig unterheben, bis er rundum überzogen ist.

Die Form einfetten. Die Hälfte der Puffreismischung in die Form füllen und andrücken. Den Cookie Dough darauf verstreichen und mit dem restlichen Puffreis bedecken. Mit großzügig eingefetteten Händen (damit der Puffreis nicht an den Fingern kleben bleibt) zu einer flachen Schicht pressen. Zum Servieren in Quadrate schneiden. Locker abgedeckt sind die Häppchen im Kühlschrank bis zu 3 Tage haltbar. Am besten schmecken sie allerdings am Tag der Zubereitung.

GEFÜLLTE CANNOLI MIT CHOCOLATE CHIP COOKIE DOUGH

Der beste Ricotta (Ricotta impastata oder geschlagener Ricotta) für hausgemachte Cannoli ist nur schwer erhältlich. Aber warum Ricotta kaufen, wenn man ihn auch selbst zubereiten kann? Nur keine Panik: Für cremigen Ricotta braucht es nur drei einfache Zutaten. Und Vollrohrzucker, Vanille und Schokotröpfchen geben dem Ricotta den extra Cookie Dough Kick.

ERGIBT: 12 kleine (oder 4 große) Cannoli   **ZUBEREITUNGSZEIT: 30 Minuten**   **GESAMTZEIT: 8–20 Stunden**

FÜR DEN RICOTTA:
350 ml Vollmilch
120 g Konditorsahne (mind. 35 % Fett)
2 TL Weißweinessig

AUSSERDEM:
40 g brauner Vollrohrzucker
Mark von ½ Vanilleschote, alternativ
    ¼ TL gemahlene Vanille

75 g Zartbitter-Schokotröpfchen
12 kleine (oder 4 große) Cannoliröllchen
    (aus dem gut sortierten Supermarkt oder
    Feinkostladen)

BESONDERES ZUBEHÖR:
Mulltuch oder Kaffeefilter
Spritzbeutel mit großer, runder Tülle

Milch und Konditorsahne in einem großen schweren Topf bei mittlerer bis niedriger Temperatur unter Rühren zum Köcheln bringen. Vom Herd nehmen, Essig zugießen und ein- oder zweimal umrühren, bis die Milch zu stocken beginnt. Ohne weiteres Umrühren 5 Minuten stehen lassen.

Ein feines Sieb mit einem doppelten Mulltuch oder Kaffeefilter auslegen und über eine Schüssel hängen. Die gestockte Milchmischung in das Sieb gießen und im Kühlschrank mindestens 7 Stunden oder über Nacht abtropfen lassen (es bleiben ca. 190 g).

Den Ricotta in der Küchenmaschine 2–3 Sekunden (Pulsefunktion) glatt rühren. Vollrohrzucker und Vanille zugeben und kurz vermengen. Die Konsistenz sollte glatt und cremig sein. Nicht zu stark verrühren, da sich die Komponenten sonst trennen. Die Schokotröpfchen unterheben.

Die Füllung in den Spritzbeutel geben (oder in einen Gefrierbeutel mit Zippverschluss und eine Ecke abschneiden) und die Cannoliröllchen damit versehen. Sofort servieren, damit die Röllchen knusprig bleiben.

TIPP:
Die milchige Flüssigkeit, die nach dem Abtropfen des Ricottas übrig bleibt, solltet ihr nicht wegschütten. Das ist nämlich Molke. Verwendet sie anstelle von Wasser in eurem Lieblingsbrotrezept, kocht damit eure nächste Portion Reis oder legt Gemüse darin ein.

COOKIE DOUGH S'MORES

Ich bin kein großer Outdoorfan, sondern eher ein »Ich bleibe, wo ich täglich duschen kann«-Mensch. Doch sogar ich würde mich für diese zartschmelzende Köstlichkeit in die Wildnis wagen: Ein S'More (eigentlich »Some more«, also »Noch ein paar«) wird nämlich traditionell am Lagerfeuer gegrillt. Diese Variante lässt sich jedoch problemlos auch zu Hause zubereiten.

ERGIBT: **12 S'Mores**   GESAMTZEIT: **15 Minuten**

FÜR DEN COOKIE DOUGH:
60 g weiche Butter
2 EL Zucker
40 g brauner Vollrohrzucker
2 EL Milch oder Sahne
Mark von ¼ Vanilleschote, alternativ
    1 Msp. gemahlene Vanille
60 g Weizenmehl
1 Prise Salz

FÜR DIE S'MORES:
24 Vollkorn-Butterkekse (oder Graham
    Cracker, falls erhältlich)
100 g Vollmilchschokolade (oder mehr
    nach Belieben)
12 Marshmallows

Butter und beide Zuckersorten mit dem Mixer bei mittlerer Stufe in einer großen Schüssel 2–3 Minuten schaumig schlagen. Milch und Vanille zugeben. Mehl und Salz zufügen und unterrühren.

Je 1 EL Teig auf die Hälfte der Vollkornkekse streichen. Die Schokolade in 12 gleich große Stücke zerteilen und je ein Stück auf den Cookie Dough legen.

Die Marshmallows über offener Flamme goldbraun rösten. Je 1 heißes Marshmallow auf die Schokoladenstücke legen und mit den restlichen Keksen abdecken. Vorsichtig zusammendrücken, bis der Marshmallow seitlich herauszuquellen beginnt. 30 Sekunden stehen lassen, um die Schokolade leicht schmelzen zu lassen. Sofort genießen.

TIPP:
Falls kein Lagerfeuer zur Hand ist, tut es auch ein Gasherd oder Flambierbrenner.

EASY INDOOR S'MORES:

Wer eine flammenlose Version dieser klassischen Lagerfeuerkost zubereiten möchte, röstet die Marshmallows auf Vollkornkeksen 30–60 Sekunden unter dem heißen Backofengrill goldbraun. Oder legt sie zum Aufplustern für 8–10 Sekunden in die Mikrowelle.

FRITTIERTE COOKIE DOUGH BÄLLCHEN

Heutzutage frittieren die Leute ja alles Mögliche – von Cupcakes bis zu Schokoriegeln. Warum also nicht auch Cookie Dough? Aus den gefrorenen Teigbällchen werden so Knusperkugeln mit zartschmelzender Füllung.

ERGIBT: **ca. 30 Bällchen**   ZUBEREITUNGSZEIT: **45 Minuten**   GESAMTZEIT: **3 Stunden**

FÜR DEN COOKIE DOUGH:
60 g weiche Butter
50 g Zucker
80 g brauner Vollrohrzucker
3 EL Milch oder Sahne
Mark von ½ Vanilleschote, alternativ
    ¼ TL gemahlene Vanille
180 g Weizenmehl
1 Prise Salz
75 g Zartbitter-Schokotröpfchen

FÜR DIE BÄLLCHEN:
Pflanzenöl zum Frittieren
120 g Weizenmehl
2 EL Puderzucker
1 Msp. gemahlener Zimt
1 Ei, leicht verquirlt
Speisestärke zum Panieren

FÜR DAS TOPPING:
Puderzucker (nach Belieben)
Schokosauce (nach Belieben)

BESONDERES ZUBEHÖR:
Zuckerthermometer

Für den Cookie Dough Butter und beide Zuckersorten mit dem Mixer bei mittlerer Stufe in einer Schüssel 2–3 Minuten schaumig schlagen. Milch und Vanille unterrühren. Mehl und Salz zufügen und zu einem glatten Teig verarbeiten. Die Schokotröpfchen unterheben. Den Teig 30 Minuten kühlen, dann zu Kugeln formen (2–2 ½ cm Ø) und auf einem mit Backpapier ausgelegten Backblech verteilen. Etwa 2–3 Stunden im Tiefkühler sehr fest gefrieren.

Pflanzenöl 5 cm hoch in einen Topf mit schwerem Boden füllen und bei mittlerer Temperatur auf 180 °C (Zuckerthermometer!) erhitzen.

Mehl, Puderzucker und Zimt in einer kleinen Schüssel vermengen. Ei und 180 ml Wasser zugeben und zu einem glatten, dünnflüssigen Backteig verquirlen.

Die tiefgekühlten Cookie Dough Kugeln portionsweise in Speisestärke panieren. Überschüssige Stärke abklopfen. Die Bällchen nacheinander in den Teig tauchen, anschließend mit einer Gabel oder einem Schaumlöffel vorsichtig ins heiße Öl gleiten lassen. Etwa 1–2 Minuten goldbraun frittieren. Herausheben und auf Küchenpapier abtropfen lassen. Zwischen den einzelnen Portionen das Öl bei Bedarf wieder bis zur Zieltemperatur erhitzen. Die Bällchen nach Belieben warm mit Puderzucker bestäuben und/oder mit Schokosauce beträufelt servieren.

TIPP:
Steckt in jedes tiefgekühlte Bällchen einen Zahnstocher, bevor ihr es in den Teig taucht. So habt ihr einen praktischen Griff fürs Eintauchen, Frittieren und Servieren.

SCHOKOKUCHEN MIT COOKIE DOUGH MOUSSE IM GLAS

Klein, aber fein lautet die Devise. In diesem Fall dient ein schlichtes Shot-Glas als Gefäß für üppigen Schokokuchen, der von wolkig-weichem Cookie Dough Mousse bedeckt ist.

ERGIBT: 20 »Kurze«   **ZUBEREITUNGSZEIT:** 1 Stunde   **GESAMTZEIT:** 3 Stunden

FÜR DEN KUCHEN:
2 EL Butter für die Form
80 g Weizenmehl
100 g Zucker
30 g Kakaopulver
½ TL Natron
¼ TL Backpulver
1 Msp. Salz
60 ml Vollmilch
60 ml stark aufgebrühter Kaffee, lauwarm abgekühlt
1 Ei, leicht verquirlt
Mark von 1 Vanilleschote, alternativ ½ TL gemahlene Vanille

FÜR DIE MOUSSE-BASIS:
40 g brauner Vollrohrzucker
100 g Zucker
2 Eigelb
250 g Konditorsahne (mind. 35 % Fett)
Mark von ¼ Vanilleschote, alternativ 1 Msp. gemahlene Vanille

FÜR DEN COOKIE DOUGH:
60 g weiche Butter
2 EL Zucker
40 g brauner Vollrohrzucker
Mark von ¼ Vanilleschote, alternativ 1 Msp. gemahlene Vanille
30 g Weizenmehl
1 Prise Salz
75 g Zartbitter-Schokotröpfchen zum Garnieren

BESONDERES ZUBEHÖR:
Springform (24 cm Ø)
Zuckerthermometer
Spritzbeutel mit großer, runder Tülle
runder Ausstecher (Ø etwas kleiner als der der Gläser)
20 kleine, hohe (Schnaps-)Gläser (60–90 ml)

Den Backofen auf 180 °C (Ober-/Unterhitze) vorheizen. Die Springform einfetten und mit Backpapier auslegen. Das Backpapier ebenfalls fetten.

Mehl, Zucker, Kakaopulver, Natron, Backpulver und Salz in einer großen Schüssel vermengen. Milch, Kaffee, Ei und Vanille unterrühren. Den Schüsselboden mit einem Teigspatel abschaben, damit die Trockenzutaten alle gut eingearbeitet werden. Den Teig in die vorbereitete Form füllen und 18–22 Minuten im Ofen backen, bis an einem in die Mitte gestochenen Holzstäbchen kein Teig mehr haftet. Die Form auf ein Kuchengitter stellen und 30 Minuten abkühlen lassen.

SCHOKOKUCHEN MIT COOKIE DOUGH MOUSSE IM GLAS

Vorsichtig mit einem Messer am Rand der Form entlangfahren und den Kuchen auf das Kuchengitter stürzen. Fest in Frischhaltefolie gewickelt im Kühlschrank oder Tiefkühler bis zur Verwendung aufbewahren.

Für die Mousse beide Zuckersorten und Eigelbe in einem kleinen Topf vermengen. Bei mittlerer bis niedriger Temperatur unter gelegentlichem Rühren 8–10 Minuten erhitzen, bis die Mischung 70 °C (Zuckerthermometer!) erreicht und die Konsistenz eines dicken Sirups hat. Nicht zum Kochen bringen. Leicht abkühlen lassen, in eine Schüssel füllen und im Kühlschrank mindestens 1 Stunde abkühlen lassen.

Die Konditorsahne in einer Schüssel mit dem Mixer steif schlagen. Vanille unterrühren.

Für den Cookie Dough Butter und beide Zuckersorten mit dem Mixer bei mittlerer Stufe in einer weiteren Schüssel 2–3 Minuten schaumig schlagen. Vanille unterrühren. Mehl und Salz zufügen und gut vermengen. Die gekühlte Eigelbmischung zugießen und alles zu einem glatten Teig verarbeiten. Die Schlagsahne nach und nach vorsichtig unterheben. Die Mousse sollte leicht und luftig sein. Dazu die Seiten der Schüssel immer wieder abstreifen und alles behutsam unterheben, bis eine glatte, homogene Mischung entstanden ist. Die Mousse in den Spritzbeutel füllen (oder in einen Gefrierbeutel mit Zippverschluss und eine Ecke abschneiden). Falls die Mousse zu flüssig ist, einige Stunden im Kühlschrank fest werden lassen.

Den Kuchen aus dem Gefrierfach nehmen und mit einem runden Ausstecher Kuchenstücke ausstechen. (Man kann den Kuchen auch mit den Gläsern selbst ausstechen, allerdings bleiben dann gerne Brösel an den Innenwänden haften.) Die Kuchenstücke in die Gläser stecken und bis zum Boden schieben. Jedes Glas mit Mousse füllen und mit Schokotröpfchen garnieren. Bis zur Verwendung im Kühlschrank aufbewahren. Die Mousse ist im Kühlschrank bis zu 2 Tage haltbar, schmeckt jedoch am Tag der Zubereitung am besten.

TIPP:
Ihr habt keine 20 Schnapsgläser im Haus? Seid kreativ: Schneidet den Kuchen in Stücke oder setzt ihn in Muffinförmchen. Einfach mit einem Klecks Mousse krönen, mit Schokotröpfchen garnieren und mit einem Löffel servieren.

COOKIE DOUGH WAN TANS MIT SCHOKODIP

Ich wette, die habt ihr noch auf keiner chinesischen Takeaway-Speisekarte gesehen. Die knusprigen Wan Tans umhüllen eine süße Überraschung: eine Füllung aus zartschmelzendem Chocolate Chip Cookie Dough. Serviert wird dazu ein Schokodip mit Schuss.

ERGIBT: 30 Wan Tans   **GESAMTZEIT: 45 Minuten**

FÜR DEN COOKIE DOUGH:
60 g weiche Butter
50 g Zucker
80 g brauner Vollrohrzucker
2 EL Milch oder Sahne
Mark von ½ Vanilleschote, alternativ
    ¼ TL gemahlene Vanille
180 g Weizenmehl
1 Prise Salz
75 g Zartbitter-Schokotröpfchen

FÜR DIE WAN TANS:
30 Wan Tan Blätter
Pflanzenöl zum Frittieren

FÜR DEN DIP:
40 g Zartbitter-Schokotröpfchen
120 g Konditorsahne (mind. 35 % Fett)
1 EL Weinbrand (oder ½ TL gemahlene
    Vanille, wenn Kinder mitessen)

BESONDERES ZUBEHÖR:
Zuckerthermometer

Für den Cookie Dough Butter und beide Zuckersorten mit dem Mixer bei mittlerer Stufe in einer großen Schüssel 2–3 Minuten schaumig schlagen. Milch und Vanille einrühren. Mehl und Salz zufügen und zu einem glatten Teig vermengen. Die Schokotröpfchen unterheben.

Wan Tan Blätter auf eine flache, trockene Arbeitsfläche legen. Je 1 TL Cookie Dough in die Mitte platzieren. Mit den Fingern oder einem Backpinsel die Ränder leicht mit Wasser befeuchten, die Wan Tans diagonal zu einem Dreieck falten und den Teig rund um den Cookie Dough andrücken, um Luftblasen zu entfernen. Dann zum Verschließen entlang der Ränder festdrücken.

Pflanzenöl 5 cm hoch in einen Topf mit schwerem Boden füllen. Nicht zu viel Öl eingießen, da es sich beim Erhitzen ausdehnt. Bei mittlerer Temperatur auf 180 °C (Zuckerthermometer!) erhitzen.

COOKIE DOUGH WAN TANS MIT SCHOKODIP

Die Wan Tans portionsweise vorsichtig ins heiße Öl gleiten lassen und 1–2 Minuten goldbraun frittieren. Nicht zu viele Wan Tans auf einmal hineingeben, sie sollten sich nicht berühren. Nach der Hälfte der Zeit die Wan Tans wenden. Anschließend mit einem Schaumlöffel herausheben und auf Küchenpapier abtropfen lassen.

Für den Dip die Schokotröpfchen in eine feuerfeste Schüssel füllen. Die Konditorsahne in einem kleinen Topf bei mittlerer Temperatur gerade zum Köcheln bringen, nicht aufkochen. Vom Herd nehmen und über die Schokotröpfchen gießen. 30 Sekunden stehen lassen, dann umrühren, bis die Schokolade geschmolzen und die Mischung homogen ist. Den Weinbrand unterrühren. Den Schokodip mit den warmen Wan Tans servieren.

TIPP:
Für wirklich knusprige Wan Tans solltet ihr beim Frittieren die Öltemperatur im Auge behalten und das Öl bei Bedarf nochmals erhitzen.

WICKELTECHNIK:

♥ **Für die Wan Tans** 1 TL Teig in die Mitte eines jeden Blattes platzieren. Nicht mehr Teig nehmen, sonst lässt sich das Teigtäschchen nicht mehr falten!

♥ **Die Ränder des Blattes** leicht mit Wasser befeuchten, damit sie besser aneinander haften und luftdicht abschließen. Das Blatt diagonal zu einem Dreieck falten, die Luft von innen nach außen drücken und die Ränder fest zusammenpressen.

SÜSSE PIZZA MIT COOKIE DOUGH

Es macht unheimlich Spaß, eine süße Pizza zu belegen. Der zuckrige Boden gleicht einer Leinwand, auf der ihr eure süßen Fantasien ausleben könnt. Probiert die Variationen aus (siehe S. 148/149) oder lasst euch selbst etwas einfallen.

ERGIBT: **1 Pizza (8 Portionen)**   ZUBEREITUNGSZEIT: **30 Minuten**   GESAMTZEIT: **40 Minuten**

FÜR DEN PIZZABODEN:
80 g weiche Butter
100 g Zucker
1 Ei
Mark von ¼ Vanilleschote, alternativ
    1 Msp. gemahlene Vanille
180 g Weizenmehl, plus mehr
    zum Arbeiten
1 TL Backpulver

FÜR DEN COOKIE DOUGH BELAG:
60 g weiche Butter
2 EL Zucker
40 g brauner Vollrohrzucker
1 EL Milch oder Sahne
Mark von ¼ Vanilleschote, alternativ
    1 Msp. gemahlene Vanille
90 g Weizenmehl
1 Prise Salz
75 g Zartbitter-Schokotröpfchen
70 ml Karamellsauce

Den Backofen auf 180 °C (Umluft) vorheizen. Für den Boden Butter und Zucker mit dem Mixer bei mittlerer Stufe in einer großen Schüssel 2–3 Minuten schaumig schlagen. Ei und Vanille zugeben. Mehl und Backpulver zufügen und gut vermengen.

Falls der Teig noch krümelig ist, einige Male von Hand durchkneten, bis er sich zu einer festen Kugel formen lässt. Auf einer leicht bemehlten Arbeitsfläche zu einem Kreis (ca. 28 cm Ø) ausrollen und auf ein Pizzablech oder großes Backblech legen. Nach Belieben unregelmäßigen Rand zurechtschneiden. Etwa 10–12 Minuten im Ofen backen, bis der Rand goldbraun ist. Herausnehmen und abkühlen lassen.

Für den Cookie Dough Belag Butter, beide Zuckersorten, Milch und Vanille vermengen. Mehl und Salz zufügen und gut einrühren. Die Hälfte der Schokotröpfchen unterheben.

Zum Servieren eine dünne Schicht Karamellsauce auf dem Pizzaboden verteilen. Mit Cookie Dough und restlichen Schokotröpfchen bestreuen und mit der restlichen Karamellsauce beträufeln.

BELÄGE FÜR SÜSSE PIZZA MIT COOKIE DOUGH

ROCKY ROAD:

♥ **Für den Schoko Cookie Dough:**
60 g weiche Butter
2 EL Zucker
40 g brauner Vollrohrzucker
Mark von ¼ Vanilleschote, alternativ
   1 Msp. gemahlene Vanille
1 Prise Salz
30 g Kakaopulver, gesiebt
80 g Weizenmehl
1 EL Milch oder Sahne

♥ **Außerdem:**
80 g Chocolate Fudge Sauce (oder
   Schoko- und Karamellsauce mischen)

50 g Mini-Marshmallows
50 g Zartbitter-Schokotröpfchen
50 g Mandelblättchen, geröstet

Butter, beide Zuckersorten und Vanille vermengen. Salz, Kakaopulver und Mehl unterrühren. Milch zugießen und alles zu einem glatten Teig verarbeiten.
Die Schokoladen-Karamell-Sauce dünn auf dem Pizzaboden verstreichen und mit Cookie Dough, Marshmallows, Schokotröpfchen und Mandelblättchen belegen.

SUGAR PEACH:

♥ **Für den Sugar Cookie Dough:**
60 g weiche Butter
50 g Zucker
Mark von ¼ Vanilleschote, alternativ
   1 Msp. gemahlene Vanille
1 Prise Salz
90 g Weizenmehl
1 EL Milch oder Sahne

♥ **Für die Mascarponecreme:**
2 EL Mascarpone oder Frischkäse
   (Doppelrahmstufe)
60 g Konditorsahne (mind. 35 % Fett)
1 EL Zucker

♥ **Außerdem:**
1 reifer Pfirsich, in schmale Spalten geschnitten
50 g weiße Schokotröpfchen oder weiße
   Schokolade, gehackt

Butter, Zucker und Vanille gut vermengen. Salz und Mehl unterrühren. Milch zugießen und alles zu einem glatten Teig verarbeiten. Mascarpone, Konditorsahne und Zucker mit dem Mixer aufschlagen und dünn auf dem Pizzaboden verstreichen. Mit Cookie Dough, Pfirsichspalten und weißen Schokotröpfchen belegen.

ERDNUSSBUTTER:

💛 **Für den Erdnussbutter Cookie Dough:**
2 EL weiche Butter
2 EL cremige Erdnussbutter
2 EL Zucker
40 g brauner Vollrohrzucker
Mark von ¼ Vanilleschote, alternativ
    1 Msp. gemahlene Vanille
1 Prise Salz (bei ungesalzener
    Erdnussbutter Salzmenge verdoppeln)
60 g Weizenmehl
1 EL Milch oder Sahne

💛 **Für die Erdnussbuttersauce:**
2 EL cremige Erdnussbutter
1 EL Honig
1 Prise gemahlener Zimt
60 g Konditorsahne (mind. 35 % Fett)

💛 **Außerdem:**
12 Peanut Butter Cups
    (Erdnussbutterkonfekt), grob gehackt
30 g Erdnusskerne, geröstet

Butter, Erdnussbutter, beide
Zuckersorten und Vanille vermengen.
Salz und Mehl unterrühren. Milch
zugießen und alles zu einem glatten
Teig verarbeiten.
Erdnussbutter, Honig, Zimt und
Konditorsahne gut verquirlen. Als
dünne Schicht auf der Pizza verteilen.
Mit Cookie Dough, zerkleinertem
Erdnussbutterkonfekt und Erdnüssen
bestreuen.

PIZZAPARTY:

Warum wollt ihr eure Gäste mit nur einer
einzigen Pizza verwöhnen, wenn es doch
so viele Möglichkeiten gibt? Backt für
jeden Gast eine eigene Pizza in beliebiger
Größe und stellt Schüsseln mit den Zutaten
der vier Cookie Dough Varianten in die
Mitte, dazu Saucen, Schokotröpfchen,
Nüsse und andere Zutaten. Viel
Vergnügen!

REGISTER

REGISTER

REGISTER